Prelúdio da Metrópole

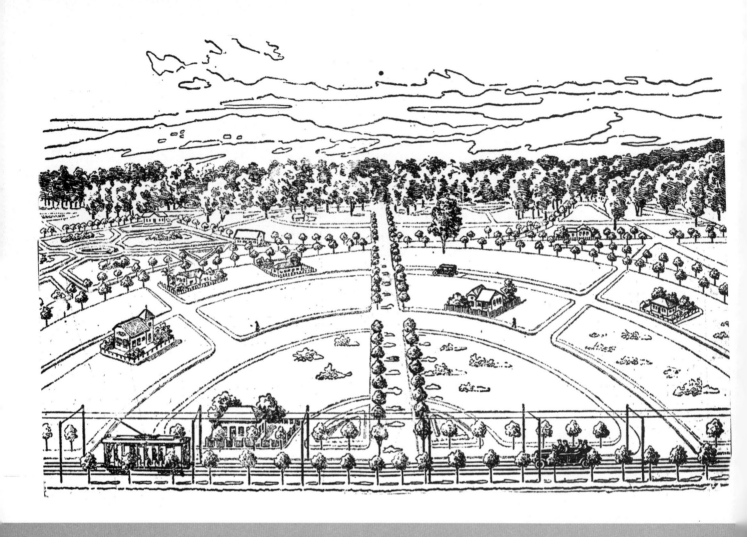

Perspectiva de Nova Manchester, hoje bairro na zona leste da cidade de São Paulo, em propaganda de 1925.

Prelúdio da Metrópole

ARQUITETURA E URBANISMO EM SÃO PAULO
NA PASSAGEM DO SÉCULO XIX AO XX

Hugo Segawa

Ateliê Editorial

Direitos reservados e protegidos pela Lei 9.610 de 19.02.1998.
É proibida a reprodução total ou parcial sem autorização,
por escrito, da editora.

Copyright © 2000 Hugo Segawa

1ª edição, 2000
2ª edição, 2004

ISBN: 85-7480-014-7

Direitos reservados à
ATELIÊ EDITORIAL
Rua Manuel Pereira Leite, 15
06709-280 – Granja Viana – Cotia – São Paulo
Telefax: (11) 4612-9666
www.atelie.com.br
2004

Printed in Brazil
Foi feito o depósito legal

Sumário

1. UM IMAGINÁRIO PAULISTANO 9
   Vencendo as Depressões da Metrópole 12

2. SÃO PAULO CRESCE 19
   1890: Um Ano Pomposo 27
   Um Viaduto para Santa Efigênia 28
   A Galeria de Cristal 29
   O Mercado São João 34
   O Jardim da Várzea do Carmo 38
   A Exposição Continental 39

3. A CIDADE DE ADOLFO AUGUSTO PINTO 43
   O Primeiro Plano para a São Paulo do Século XX 48

4. OS MELHORAMENTOS DE SÃO PAULO 53
   O Teatro Municipal e a Indicação Silva Telles 58

Projeto Alexandre de Albuquerque 69
Projeto Freire-Guilhem 75
Projeto Samuel das Neves 82
Plano Bouvard 92

5. A PERIFERIA SAUDÁVEL E A PERIFERIA REMEDIADA 107
O Padrão Cidade-Jardim 111
A Publicidade da Urbanização 118
A Casa Operária 128
O Concurso de Casas Proletárias 134

POSFÁCIO 165
BIBLIOGRAFIA 173
ÍNDICE ONOMÁSTICO 179

1 Um Imaginário Paulistano

1. (Na página anterior) Viaduto do Chá, selo litografado de Jules Martin, c. 1890.

Este livro é um registro despretensioso de algumas das peripécias e vicissitudes arquitetônicas e urbanísticas que marcaram o crescimento da cidade de São Paulo, do final do século XIX até por volta de 1930, com ênfase na iconografia da época.

Se a documentação escrita é uma matéria-prima fundamental no presente trabalho, não menos importante foi o levantamento de descrições visuais que permitissem caracterizar algumas décadas-chave da evolução urbana e arquitetônica paulistana. Este pensamento ocorreu à medida que, com a consolidação da imprensa em São Paulo no século XIX, a introdução da litografia (em particular, com Jules Martin) e da clicheria, mais no século XX (possibilitando a reprodução de fotos e desenhos – como a preciosa sátira de Voltolino – em jornais e livros) representaram dois novos processos de reprodução visual que, ao lado da fotografia, multiplicaram e guardaram as imagens de uma época, auxiliando e enriquecendo o testemunho literário.

PRELÚDIO DA METRÓPOLE

Aos três meios acrescentamos mais um, do qual não sabemos nem como nem quando foi aqui introduzido: a heliografia. Já na última década do Oitocentos encontramos plantas heliograficamente copiadas, com o seu característico azul do ferro-prussiato e desenho em negativo, reproduzidos de originais a nanquim sobre papel tela.

A partir da documentação de desenhos, clichês, litografias e cópias heliográficas, procuramos formar um painel sobre a cidade de São Paulo no período.

Vencendo as Depressões da Metrópole

No alvorecer da metrópole paulistana, não faltou presunção para tentar transformar o retraído burgo de taipa de pilão num centro cosmopolita, em cujas artérias pulsava a riqueza do café. No crepúsculo do Oitocentos, a cidade de São Paulo mal transpunha os limites do chamado Triângulo: figura geométrica tradicional nas narrativas sobre a cidade para assinalar a região em acrópole cujos ângulos eram assinalados pelos Conventos de São Francisco, do Carmo e do Mosteiro de São Bento. Limites que demarcavam a fundação da cidade e a modorra colonial, e que os influxos cafeeiros vislumbravam romper. Ruptura que obviamente aconteceu. Mas, para tanto, muito papel e tinta se consumiu, intrigas correram para nutrir os devaneios e a crônica da transfiguração paulistana.

Com o desenvolvimento da cultura do café no último quartel do século XIX, o Estado de São Paulo conheceu um crescimento que em poucas décadas o transformaria na mais importante unida-

2. Casas Eduardo Prates (esquerda) e Barão de Tatuí (direita) parcialmente demolidas para constituição do eixo do Viaduto do Chá, rompendo o Triângulo tradicional. Foto de junho de 1889.

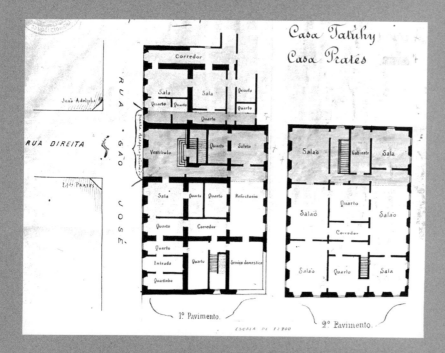

3. Preciosas plantas das casas com alcovas em taipa de pilão do Barão de Tatuí (assobradada) e de Eduardo Prates (o imóvel contíguo ao do Barão), levantadas pelo engenheiro Bianchi antes de 1889 para as obras da cabeceira do Viaduto do Chá proposto por Jules Martin. O desenho mostra o traçado local antes do surgimento da Praça do Patriarca (alargamento da rua Direita) e a faixa de desapropriação (em cinza), perpendicular à rua São José, atual Líbero Badaró.

4. Litografia de Jules Martin registrando a casa Barão de Tatuí e a casa Prates semidemolidas. Em primeiro plano, o Vale do Anhangabaú.

UM IMAGINÁRIO PAULISTANO

de econômica e política da federação. Em 1874, a cidade de São Paulo tinha uma população de apenas 23 253 habitantes; em 1886, esse número ascenderia a 44 033. O censo de 1900 acusou uma população cinco vezes superior, de 239 820 habitantes; número que dobraria vinte anos depois para 579 033[1]. Este é o cenário demográfico no presente livro.

Transformar a cidade não era apenas substituir a vetusta taipa pelo tijolo, trocar o beiral aparente pela platibanda ornada. A metamorfose pressupunha romper os limites do sítio de fundação da urbe, transpor as várzeas que cercavam o Triângulo e irradiar a cidade sulcando as periferias com ruas, avenidas e construções, multiplicando a riqueza que circulava com a pujança proporcionada pela preciosa rubiácea.

Num primeiro momento, a fixação da elite paulistana foi vencer as depressões: transpor ou urbanizar os vales. O eixo do Vale do Anhangabaú e a Várzea do Carmo eram as obsessões. O vislumbre de Jules Martin, ao propor o Viaduto do Chá em 1877, era inominável: quem pagaria pedágio para atravessar uma ponte que conduzia ao nada? O visionário francês ganhou a aposta: nas décadas seguintes, avultavam as propostas de travessias: Viaduto Santa Efigênia, Viaduto São João, Viaduto São Francisco, Viaduto Boa Vista. Era a cidade dos viadutos.

Atravessar as depressões, mas também ocupá-las. Em 1890, inaugurava-se o Mercado São João, uma estrutura de ferro que ocupava a baixada do Anhangabaú, na altura da (futura) Avenida São João. Sete anos depois, um novo e grandioso mercado era proposto

1. Juergen Richard Langenbuch, *A Estruturação da Grande São Paulo*, Rio de Janeiro, Instituto Brasileiro de Geografia e Estatística, 1971, p. 123.

PRELÚDIO DA METRÓPOLE

pela livre-iniciativa de um engenheiro. Vinte e poucos anos depois, outro engenheiro propunha um desenho para a Ladeira de São João; e noutro recanto às margens do mesmo Anhangabaú, Victor Dubugras redesenhava a Ladeira da Memória, para a municipalidade.

Sanear e embelezar (termos típicos da época, na falta de um neologismo que se consagraria mais tarde, *urbanizar*) a Várzea do Carmo foi outro recalque inversionista. Não faltaram iniciativas oportunistas, simplesmente com o loteamento da área. Mais audaciosa foi uma proposição para uma Exposição Continental em 1890 tendo como cenário uma baixada totalmente remodelada, sob os cuidados de um jovem arquiteto que despontava na sociedade paulista: Francisco de Paula Ramos de Azevedo. Claro que muita perspectiva de dinheiro acionava iniciativas retumbantes como essa, incorporando um exercício típico da segunda metade do oitocentismo europeu para angariar recursos para remodelações ou inversões na escala urbana: as grandes feiras e exposições. Assim como o evento na Várzea do Carmo almejava uma grande exposição internacional nos moldes daqueles realizados na Europa, o que teria sido o primeiro plano urbano para São Paulo – o de Adolfo Augusto Pinto em 1896 – respondia a um intento de Campos Salles de promover uma exposição nacional em São Paulo. Em 1910, Alexandre de Albuquerque justificava sua proposta programando para as comemorações do centenário da Independência do Brasil uma nova São Paulo sobre a antiga: "...demolindo, e, nas ruínas, erguendo uma nova cidade digna dos progressos do século". Foi como que a senha para iniciar um complicado enredo de propostas urbanísticas tor-

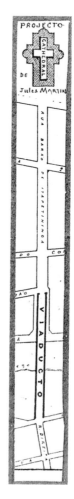

5. *Croqui de Jules Martin com a proposta de situar a Catedral de São Paulo no então Largo dos Curros (atual Praça da República), no eixo Viaduto do Chá–Rua Barão de Itapetininga.*

nadas públicas entre novembro de 1910 e maio de 1911 envolvendo profissionais de variada cepa.

Afora a lucrativa presença de empreendimentos estrangeiros empenhados na implantação de infra-estrutura e serviço (água, esgoto, energia elétrica, gás, iluminação, transporte urbano), inúmeras foram as tentativas de se realizar grandes intervenções urbanas a partir da iniciativa privada local – a maioria malsucedida. Algumas se apresentavam apelando para a necessidade de saneamento da cidade, nos moldes das práticas vigentes na Europa oitocentista, justificadas pela questão da salubridade dos ambientes com a eliminação das estruturas urbanas coloniais. As grandes reformas urbanas na administração do Barão de Haussmann em Paris (1853-1870) e o empreendimento similar pelo prefeito Pereira Passos no Rio de Janeiro (1903-1906) inspiravam iniciativas de mesma natureza para São Paulo. Mas esse encantamento reformador não acontecia apenas pelo suposto idealismo de uma vontade de equiparação em matéria urbanística às grandes capitais "civilizadas", tampouco pelo entusiasmo por uma cultura urbanística referenciada no surgimento de um debate dessa natureza na Europa e nos Estados Unidos. O resultado mais sedutor e prático em todo o processo era a perspectiva de diversificação e aplicação de capitais num âmbito inédito.

Tanto açodamento para transformar o centro e cercanias foi acompanhado pelo fracionamento da periferia. Duas periferias: aquela formal, derivada de empreendimentos imobiliários amplamente legitimados por propagandas de página inteira (às vezes, de primeira página) de diários prestigiosos como *O Estado de S. Paulo* –

fenômeno recorrente ao longo da década de 1920 –, e a periferia das moradias pobres, das vilas operárias, um amplo "loteamento" de território amorfo, que comparecia em matérias discretas da imprensa, mas que sobressaíam nas páginas pelos clichês ilustrando a miséria. Um pitoresco concurso de casas proletárias em 1916 dá um tom quixotesco às iniciativas da época. O livro se encerra chamando a atenção destas duas periferias na véspera da Revolução de 1930.

2 São Paulo Cresce

6. *(Na página anterior) Jules Martin e Victor Nothmann, os dois empreendedores do Viaduto do Chá, em caricatura de 1888.*

São Paulo no final do século XIX já assumia os ares da "Metrópole do Café". Adormecida em seus três primeiros séculos de existência, a acanhada capital da Província despertou de sua sonolência colonial ao barulho do trem. A ferrovia anunciava o novo ritmo da cidade, e o tijolo, a nova maneira de construir.

Da substituição da taipa como sistema construtivo e a importação de materiais e técnicas, surge a nova cidade.

A construção do primeiro Viaduto do Chá, inaugurado em 1892, simboliza a ruptura da acrópole em que se implantara São Paulo, ao atravessar as vertentes do riacho Anhangabaú. Um dos lados do Triângulo tradicional se abria.

Jules Martin (1832-1906), o promotor do Viaduto do Chá, não usou mais do que sua intuição para imaginar o significado de sua ponte metálica. Chegou a cobrar três vinténs para atravessar a sua obra, apenas para atingir um modesto casario e o vazio do Largo dos Curros (a futura Praça da República), aberto pelo prolífero governo de João Teodoro Xavier entre 1872 e 1875.

7. Alegoria de Jules Martin sobre a desapropriação da casa do Barão de Tatuí. Martin assinava esta litografia como "Formiga Tanajura". Observação no canto inferior esquerdo: "A Sra. Baroneza chorando a morte do Gallo da Torre".

SÃO PAULO CRESCE

A intuição de Martin e o próprio francês simbolizavam o espírito do empreendimento capitalista que dominava o ambiente na província de São Paulo. Aluno da Escola de Belas-Artes de Marselha em 1848, chegou em Sorocaba em 1868 e no ano seguinte se estabeleceu na capital da província de São Paulo com uma oficina litográfica (tida como a primeira), que recebeu a distinção de Imperial Lithographia de D. Pedro II em 1875.

Neste ano, a falência do Banco de Mauá provocava a desconfiança da população nos estabelecimentos bancários, começando os cidadãos a partir desse momento a empregar o dinheiro na aquisição de terrenos e construção, como relata Antônio Egídio Martins em 1912[2].

Dois anos depois, em 1877, Martin propunha a construção do viaduto e a criação de uma companhia para este objetivo, a qual, apesar do lento desenrolar dos acontecimentos e muitos episódios sarcasticamente explorados pelo litógrafo francês, tornou-se uma das mais bem-sucedidas inversões que se tem notícia nesse período, culminando com a encampação do viaduto pelo poder municipal em 1896, não sem antes a sociedade de Martin tê-lo vendido à Companhia de Ferrocarril de São Paulo.

Uma crônica assinada por Liberani no *Correio Paulistano* em dezembro de 1890, sob o título "São Paulo Cresce", assinalava:

[2]. Antônio Egídio Martins, *São Paulo Antigo (1554-1912)*, São Paulo, Conselho Estadual de Cultura, 1973, p. 238.

E a Paulicéia, como que vexada de seu vestuário, originalmente combinada, por unir os elegantíssimos adornos modernos, peças vetustas e feias está transformando-se rapidamente. Dentro em breve tempo

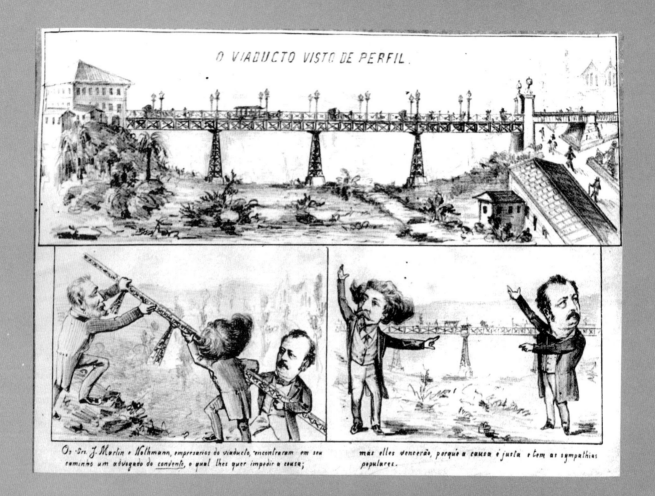

8. Caricatura publicada em A Platea *de 21 de outubro de 1888. Referia-se ao problema criado pelo Barão de Tatuí, que não desejava a desapropriação de sua casa para a construção do viaduto.*

9. Litografia de Jules Martin distribuída aos acionistas da Companhia do Viaduto do Chá.

do antigo S. Paulo pouco mais restará além da posição geográfica, pois mesmo a topografia, e ainda mais a superfície do solo vai-se modificando à vista d'olhos.

Os velhos prédios caem por terra, demolidos pela picareta civilizadora. No lugar deles erguem-se da noite para o dia vestidas e confortáveis edificações.

Há pouco tempo, acentuava-se esse progresso pelo desenvolvimento de novos bairros. A cidade crescia em perímetro, porém a parte central pouco se modificou.

Hoje, não. O centro oferece o mesmo movimento de construção ou antes de reconstrução. Entretanto novos bairros, verdadeiras vilas novas estão se formando como a Vila Mariana, a Bela Vista, o Bom Retiro, a Bela Cintra, o Marco da Meia Légua, Santa Cecília, Água Branca etc. ou em via de próxima construção como Ipiranga, as Vilas Bocaiúva, Campos Salles, Mayrink, Prudente, Sofia, Romana, Deodoro, etc.

Entretanto, a despeito desse movimento, desse espetáculo que por todos os lados se apresenta de casas em construção, não corresponde o número de edificações que se prontificam às proporções da procura de casas pela sempre crescente população da cidade[3].

Essas constatações mostram a febre construtiva por que passava São Paulo, um ano após o advento da República. Os bons arquitetos em São Paulo chamavam-se Ramos de Azevedo, irmãos Calcagno, Cesar Puccinelli[4].

A mudança de regime não significou alteração no ritmo de inversões. A situação financeira em 1888 era boa, devida à atuação dos Gabinetes João Alfredo e Ouro Preto.

3. Liberani, "São Paulo Cresce", *Correio Paulistano*, São Paulo, 19 dez. 1890.
4. "O Progresso de São Paulo", *Correio Paulistano*, São Paulo, 22 nov. 1890.

1890: Um Ano Pomposo

O Encilhamento[5] promovido por Rui Barbosa assegurou continuidade à especulação e propiciou condições para a proliferação de sociedades anônimas muitas das quais ligadas à atividade da construção e loteamento. O plano de Rui Barbosa, inspirado na lei americana de 1863 que permitiu os Estados Unidos se tornarem uma potência industrial, representou proteção alfandegária e crédito fácil que beneficiou a inúmeras sociedades constituídas no ano de 1890 em São Paulo. Citaremos, por exemplo, o Banco dos Operários de São Paulo[6], o Banco Construtor e Agrícola de São Paulo[7] o Banco de Santos[8], o Banco Industrial Amparense[9] e o Banco União de São Paulo, cujas propagandas em meados de 1890 anunciavam seções construtoras voltadas a investimentos e financiamentos de terrenos e edificações. Ramos de Azevedo foi diretor técnico da carteira do Banco União até sua liquidação, tendo sido responsável por diversas residências "nobres"[10] e, anteriormente, superintendente da Companhia Melhoramentos de São Paulo, presidida por Joaquim José Vieira de Carvalho em fins de 1889[11].

Outras sociedades procuravam investir em urbanização ou equipamentos, como uma realização denominada Villa Mayrink que se propunha à criação de bairros-operários ou abastados – com toda infra-estrutura como escolas e hospitais e a sofisticação de montar olarias para o fabrico de tijolos e telhas para o empreendimento[12]. Uma outra sociedade, a Colyseu Paulista Companhia Anônima trataria da promoção de espetáculos e a construção no Largo

---

5. Edgard Carone, *A Primeira República (1889-1930)*, 3. ed., São Paulo, Difel, 1976, pp. 202-203.
6. *Correio Paulistano*, São Paulo, 12 jul. 1890.
7. *Idem, ibidem.*
8. *Correio Paulistano*, São Paulo, 24 ago. 1890.
9. *Correio Paulistano*, São Paulo, 30 set. 1890.
10. "Transcorre hoje o centenário de nascimento do grande arquiteto Ramos de Azevedo", *Correio Paulistano*, São Paulo, 8 dez. 1851.
11. *Correio Paulistano*, São Paulo, 6 dez. 1889. Os estatutos da Companhia Melhoramentos de São Paulo foram publicados na *Imprensa Ituana* de 27 de outubro de 1889.
12. *Correio Paulistano*, São Paulo, 7 set. 1890.

do Passeio Público (o Jardim da Luz), edifícios destinados a recreação. O arquiteto anunciado na propaganda era Ramos de Azevedo[13].

Sociedades de materiais de construção também foram formadas, como uma que trabalhava exclusivamente com mármores, ladrilhos, mosaicos, azulejos e importação de ornamentos[14]. Por essa época o banqueiro Vitorino Carmillo vendia em sua casa à rua da Estação n.º 19 (atual rua Mauá) partidas importadas de cimento, telha francesa, querosene e banha americana[15].

Um Viaduto para Santa Efigênia

No rol de iniciativas, uma polêmica marcou os últimos meses do ano de 1890 a respeito de uma obra urbana. Em fins de outubro um advogado, Victor Marques da Silva Ayrosa[16], e poucos dias depois, em novembro, um grupo de capitalistas e industriais sob a firma social Carvalho & Companhia, apresentavam à Intendência Municipal (a Câmara havia sido dissolvida com a mudança de regime e a reforma administrativa) o projeto de um "grande viaduto, aterro ou aquilo que melhor convenha, que ligará o Largo de São Bento ao de Santa Efigênia, e ao mesmo tempo de uma linha de bondes a vapor ou por tração animal que irá servir o bairro mais florescente desta cidade, atravessando ruas importantíssimas e que até hoje não gozam desse confortável e cômodo melhoramento"[17]. Ambos pleiteavam uma concessão de cinqüenta anos de exploração, revertendo então à municipalidade, e solicitavam as desapropriações necessárias (por conta da Intendência) e como compensação abri-

13. *Correio Paulistano*, São Paulo, 2 ago. 1890. Na *Illustração Paulista* de 30 de abril de 1893, publicou-se o seguinte anúncio: "COLYSEU PAULISTA PROMOVE TOURADAS. Hoje, grande tourada, em que tomam parte os aplaudidos toureadores – Bernal e Cano com sua quadrilha. Serão toureados 6 bravíssimos touros".
14. *Correio Paulistano*, São Paulo, 5 out. 1890.
15. *Correio Paulistano*, São Paulo, 29 out. 1890.
16. Ayrosa era também redator do semanário de quatro páginas, *A Deomocracia*, periódico que circulava em 1885 com artigos sobre "ciências, artes e literatura e questões de interesse geral".
17. *Correio Paulistano*, São Paulo, 13 out. 1890.

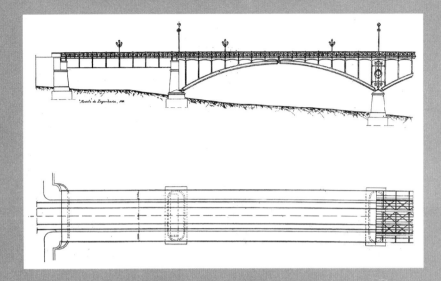

10. Viaduto Santa Efigênia, desenho do projeto publicado em 1911 na Revista de Engenharia.

riam uma via por baixo do viaduto. Uma discussão se estabeleceu com trocas de acusações entre os requerentes, clamando a si a originalidade da iniciativa. O projeto não foi adiante e somente em 1906, sob a tutela oficial, o prefeito Antônio Prado autorizava a construção do Viaduto Santa Efigênia, que hoje conhecemos.

A Galeria de Cristal

No *Correio Paulistano* de 11 de dezembro de 1890 encontramos uma pequena nota avisando que "numa vitrine da rua 15 de Novembro se acha exposto um grande quadro contendo o plano completo da Galeria de Cristal, projetada pelo Sr. Jules Martin, para substituir o Beco do Inferno". Tratava-se de um novo empreendimento do irrequieto litógrafo francês o qual, ao que tudo indica, não foi aqui, tão bem-sucedido como no decantado viaduto. A Intendência Municipal, através da lei 275 de 1896, concedia a Martin autorização para a construção da "Galeria de Crystal". Um ano depois, a resolução 87 concedia prazo para apresentação de plantas definitivas da galeria, as quais devem ter sido apresentadas as que conhecemos no acervo do Arquivo Histórico Municipal Washington Luís. Certamente a partir desses desenhos, assinados por Pucci & Micheli (Luigi Pucci, construtor do Museu do Ipiranga e da Chácara do Carvalho e Giulio Micheli, empreiteiro do edifício da Livraria Francisco Alves e do Viaduto Santa Efigênia), a Prefeitura autorizou Martin a executar "por seções" a Galeria de Cristal, pela lei 409 de 1899. Esta galeria não alcançou as proporções imaginadas no projeto, tanto que são raríssimas as referências a obra[18]. Certamente apenas parte do conjunto foi realizado, pois em propaganda estampada em *O Combate* de 3 de março de 1919, encontramos anúncio do "Remédio Okredil", vendido pela Orestes Rangel Pestana & Cia. na Galeria de Cristal nº. 8.

Inspirada em espaços congêneres realizados em Bruxelas, Milão ou Nápoles, Jules Martin pretendeu transpor mais um pouco daquilo que o gosto cosmopolita da elite consumia. A par da feição provinciana que a cidade ainda ostentava, Martin sabia que um empreendimento como esse dificilmente seria indeferido pelo poder público que se confundia com a burguesia cafeeira.

Tratava-se de um projeto avançado tanto na concepção arquitetônica como na idéia de uso. No final do século XIX, os únicos estabelecimentos de comércio que se abrigavam sob uma cobertura

18. Antônio Egídio Martins, *op. cit.*, p. 268: "No andar térreo da Rua da Imperatriz, hoje Quinze de Novembro, n. 56, existiu a loja de fazendas, denominada – Ao Cosmopolitano, pertencente ao comerciante Cristiano Webendoerfer, que, em substituição ao mesmo antigo prédio, mandou construir, em 1900, a Galeria de Cristal".

11. *Galerias de Cristal, por Jules Martin.*

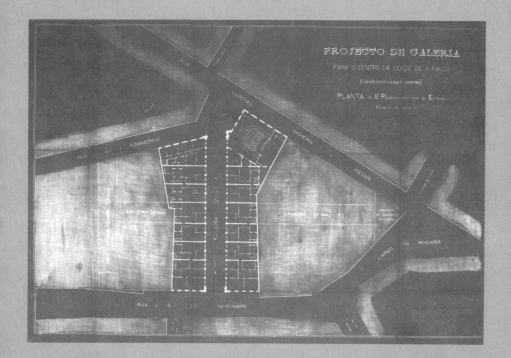

12. Projeto de galeria para o Centro da Cidade de São Paulo. Planta do 2º pavimento por cima do entressolho.

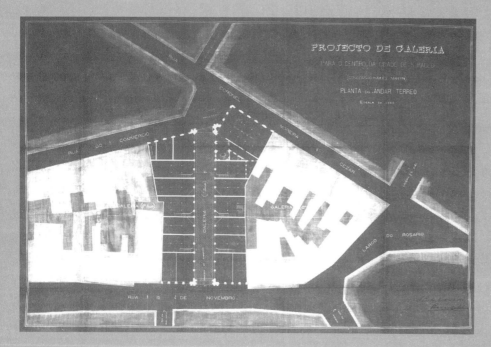

13. Projeto de galeria para o Centro da Cidade de São Paulo. Planta do andar térreo. Outubro de 1898, ass. Pucci & Micheli. A galeria se desenvolveria sobre a atual rua do Comércio. O "largo projectado" se tornaria o Largo do Café.

14. Projeto de galeria para o Centro da Cidade de São Paulo. Elevação da Galeria para a rua 15 de Novembro.

15. Projeto de galeria para o Centro da Cidade de São Paulo. Cortes transversal e longitudinal.

ou se concentravam em um espaço físico eram os mercados públicos, como foram as famosas "sete casinhas" próximo ao Pátio do Colégio ou mercado da rua São João, citando-se dois exemplos. O tipo de comércio pretendido na galeria visava evidentemente um público abastado que freqüentava principalmente a rua 15 de Novembro, a mais importante via comercial na época. Tratava-se de um precursor das galerias que seriam construídas na década de 1950 no setor conhecido como "Cidade Nova", e, por extensão, dos *shopping centers* do momento.

O Mercado São João

A exploração de grandes estabelecimentos comerciais também foi objeto de grandes investimentos. Há pouco citávamos o mercado metálico da rua São João inaugurado em 1890, que se localizava quase defronte ao prédio dos Correios na Avenida Prestes Maia. Em 1897 o engenheiro Jesuíno de Mattos celebrava um contrato com a Câmara Municipal para a execução da lei municipal n.º 305, que rezava sobre a construção e concessão por quarenta anos de um grande mercado em substituição ao existente. Somente em 1898 o engenheiro apresentaria o projeto, atualmente depositado no Arquivo Histórico Municipal Washington Luís. Esse projeto, assinado pelos arquitetos Dubugras & Heuszler, ocupava uma área quadrada de 84,5m de lado, apresentando um suntuoso neogótico nas quatro elevações, idênticas entre si. Este projeto mereceu um parecer datado de 17 de janeiro de 1899 por Victor da Silva Freire, recém-

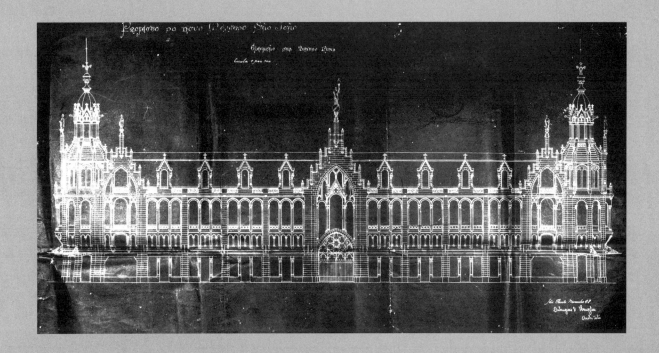

16. Projeto do novo Mercado São João. "Elevação das quatro ruas". Desenho assinado por Dubugras & Heuszler Architectos, novembro de 1898.

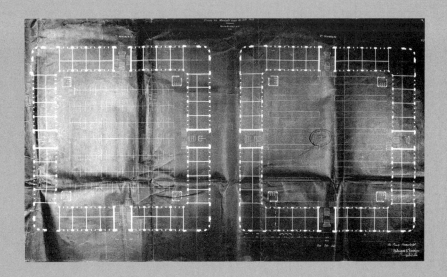

17. Plantas do 1º e 2º pavimentos.

empossado no cargo de engenheiro-chefe da prefeitura (e do qual voltaremos a citar nos planos de melhoramento para São Paulo).

Sou pois de parecer que os deveres de concessionário sob o ponto de vista técnico e administrativo estão longe de estarem definidos por forma salvaguardar os justos interesses da Municipalidade[19].

Leis e atos de 1899 concederam novos prazos ao engenheiro Jesuíno de Mattos, mas certamente de nada lhe adiantaram, pois o pequeno mercado foi abaixo somente em 1915, quando outras destinações se reservavam para aquele logradouro.

A falta de perspectiva da nova dinâmica urbana que então se impunha certamente explica a tentativa de expandir fisicamente um acanhado mercado visivelmente localizado numa baixada que seria sacrificada pela circulação futura. Já presidia o espírito de se "construir em cima" e não "ao lado", pois decorridos sete anos, propunha-se a ampliação do estabelecimento, índice de que o planejamento da vida útil de uma construção era problemático para uma cidade que se desenvolvia sob o signo do imediatismo.

Tanto neste mercado como na Galeria de Cristal de Martin encontramos a suntuosidade como a marca de um momento que deseja superar o seu provincianismo secular. Contudo, no novo mercado projetado, percebemos uma denotação "doméstica", isto é, a preocupação de se ampliar um estabelecimento de utilidade pública local, imediata, em contrapartida à sofisticada Galeria de Cristal, monumento de conotações cosmopolitas, envolvendo valores

19. Victor da Silva Freire, Manuscrito existente no Arquivo Histórico Municipal Washington Luís.

18. *Projeto do novo Mercado São João. Implantação. Observe-se que o novo edifício apenas é encravado no meio do casario, procurando obter o máximo aproveitamento de área disponível.*

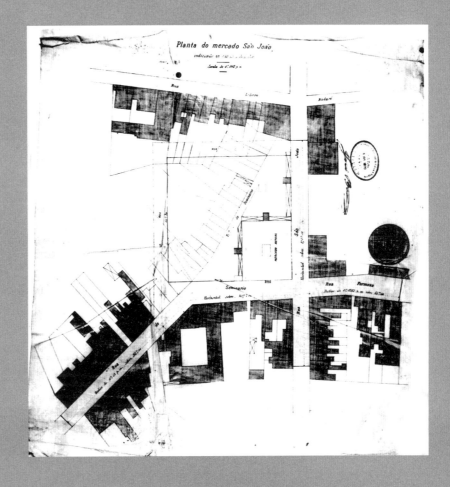

que defendem um novo *status* da capital do Estado enriquecido e os valores culturais de sua elite, *status* no qual o espírito republicano paulista procuraria promover e consolidar como padrão de civilidade na provinciana cidade de São Paulo.

O Jardim da Várzea do Carmo

Em janeiro de 1889 dois cidadãos, Augusto Cezar de Miranda Azevedo[20] e Samuel Malfatti entravam com uma petição à Câmara Municipal requerendo concessão de terrenos públicos, para saneamento e embelezamento da Várzea do Carmo. Tratava-se de um excelente negócio visto que os requerentes demandavam direito de desapropriação de terrenos particulares e públicos em uma faixa de 240 metros ao longo do canal, começando aproximadamente na atual rua Luís Gama estendendo-se até o rio Tietê, proximamente à Ponte Grande. Toda essa área seria saneada, aterrada, canalizada e loteada para revenda. Este projeto foi aprovado pela Câmara, sob protestos de dois vereadores, Francisco Penaforte Mendes de Almeida e José Evaristo Alves Cruz, que intercederam junto ao governador do Estado, Prudente de Morais em 1890, alegando a inalienabilidade de logradouros públicos para o domínio particular. Com o apoio do jornal *Correio Paulistano*, que propugnava a criação de grande jardim no local, um "pulmão para a cidade", utilizando-se expressão da época, Prudente de Morais vetou a aprovação da Câmara[21].

O coronel Joaquim de Sousa Mursa, em carta endereçada ao governador, sentenciava:

Não se deve sanear somente a Várzea do Carmo, mas todas as várzeas que rodeiam a capital. Os estudos para se resolver esta questão não existem, pois o projeto – dr. Miranda Malfatti [sic] – só considera a Várzea do Carmo. Estes estudos devem ser regulares e completos[22].

20. Miranda de Azevedo era redator-chefe da *Revista Médica*, mensário publicado entre maio de 1889 e fevereiro de 1890, organizado por um grupo de médicos que está na origem da primeira Sociedade de Medicina e Cirurgia de São Paulo.
21. "Várzea do Carmo", *Correio Paulistano*, São Paulo, 13 mar. 1890.
22. *Correio Paulistano*, São Paulo, 4 jun. 1890.

Tratava-se da primeira tentativa que se tem notícia objetivando a urbanização da Várzea do Carmo, que só seria realizada quase três décadas mais tarde com o Plano Bouvard, não antes de ter sido objeto de outra proposta, como veremos.

A Exposição Continental

O advento da República não se caracterizou como um hiato à febre de construção, e ainda ensejou novas perspectivas ao espírito positivista do momento.

O Largo dos Curros que Jules Martin procurou alcançar com o seu viaduto tornar-se-ia a Praça da República e a Catedral que aí seria construída foi substituída pela Escola Normal. O Caetano de Campos, se tornaria o primeiro monumento da República em São Paulo. Discutia-se a criação de uma universidade, criava-se a Escola Politécnica, construía-se o quartel, construíam-se escolas e realizavam-se diversas obras, das quais algumas sobreviveram até hoje.

Mas o empreendimento mais ousado era

> o projeto de levar-se a efeito nesta cidade uma grande exposição na qual, ao lado de produtos naturais e artefatos de indústria nacional, figurem generosos, mercadoria, prodígios de riquezas da América Meridional e da América Central, os maquinismos assombrosos da mecânica norte-americana e as maravilhas da civilização européia[23].

Tratava-se da Exposição Continental, promovida por um grupo de personalidades de São Paulo e prevista para 1892, e cujos pre-

23. "Exposição Continental", *Correio Paulistano*, São Paulo, 7 out. 1890.

parativos se iniciavam em 1890 com amplo apoio do *Correio Paulistano*, o "Orgam Republicano". Participavam do grupo o conselheiro Leôncio de Carvalho, o deputado José Luís de Almeida Nogueira (do corpo de redação do *Correio Paulistano*), o banqueiro Vitorino Carmillo, Martinho Prado e João Pedro da Veiga.

O projeto dessa exposição, que seria realizada na Várzea do Carmo, foi exposto na vitrine da Casa Garraux à rua 15 de Novembro sendo descrito no *Correio Paulistano*:

> O importante trabalho, planejado e executado pelo hábil engenheiro dr. Francisco de Paula Ramos de Azevedo, ao passo que revela um prodígio de atividade, em vista do brevíssimo prazo concedido para sua organização, também recomenda-se pela boa e inteligente concepção do conjunto, pela disposição, dimensões e colocação dos palácios, pavilhões, jardins, bosque, lagos, canais, chafarizes, cascatas, repuxos, pontes, pontilhões, rochas, rochedos, grutas, etc.
>
> De permeio com os edifícios destinados a exibição dos produtos, acham-se dispersos em situações convenientes pavilhões próprios para restaurantes, cafés, etc.; nas extremidades em lugares adequados, avisadamente escolhidos, deverão levantar-se grandes hotéis, teatros, cafés-concertos, hipódromos, etc.

Constava ainda no projeto um lago de cem metros de largura onde poderiam navegar "gôndolas venezianas, botes, lanchas, a vapor, etc." e "ruas e avenidas [que] poderão ser trilhadas por bondinhos, sistema Decauville". E ainda "em diversos pavilhões de construção graciosas cabanas rústicas, casas de arquitetura característica serão instalados divertimentos diversos, para crianças e adultos, tiros ao alvo, *ateliers* fotográficos, *buffets*, confeitarias, cosmoramas, curiosidades, figuras de cera, *guignols*, concertos, etc., etc., etc." Prosseguindo na descrição publicada no *Correio Paulistano*:

> Além disso, consta-nos que é pensamento da honrada comissão da Exposição efetuar a ligação direta da seção do Ipiranga com a Várzea do Carmo por meio de um grande e elegante *boulevard*, todo arborizado, com largos passeios, e, quanto possível, em linha reta.
>
> Esse pensamento não é novo. Figura, com efeito, na legislação deste Estado.
>
> Há mesmo decretada uma verba, supomos que, de duzentos contos, para a abertura da denominada *Avenida do Ipiranga*.
>
> A área da exposição ficará entre o aterrado da rua do Brás e o da rua do Gasômetro. A entrada principal deverá ser do lado da rua 25 de Março, pouco além do atual portão que conduz à Ilha dos Amores.
>
> O leito do rio Tamanduateí será transportado para o meio da várzea. Aí serão canalizadas as águas, formando como dissemos, uma vastíssima bacia que ficará fronteira ao pavilhão central do grande palácio, que dominará todo o plano e oferecerá vistosa perspectiva desde o portão de entrada.
>
> Logo após a entrada haverá um pequeno jardim inglês e depois em forma de semicírculo, uma vasta praça, intitulada dos *Estados Unidos do Brazil*, contornada por vinte pavilhões consagrados a cada um dos Estados e tendo no centro um arco triunfal.
>
> Atrás do palácio principal, levantar-se-á o das máquinas e aos lados, entre bancos de relva jardins e arvoredos diversos palacetes consagrados ao comércio, às artes, e à indústria[24].

24. "Exposição Continental", *Correio Paulistano*, São Paulo, 24 out. 1890.

Antônio Egídio Martins fez um registro do início dos trabalhos:

No dia 26 de outubro de 1890 teve lugar o assentamento no meio da Várzea do Carmo, onde foi levantado um elegante pavilhão, da pedra fundamental do edifício da Exposição Continental, havendo o conselheiro Francisco de Paula Mayrink proferido, por ocasião do lançamento da mesma pedra, as seguintes palavras: "Está lançada a primeira pedra do futuro edifício que há de atestar o desenvolvimento financeiro e econômico deste próspero Estado. Perto do pavilhão, que foi levantado entre os aterrados do Gasômetro e do Carmo, tocaram diversas bandas de música, estando o Corpo de Permanentes postado em linha, fazendo as continências militares aos representantes do generalíssimo Manoel Deodoro da Fonseca, então chefe do governo provisório da República dos Estados Unidos do Brasil"[25].

Não há outras notícias do desenvolvimento dessa iniciativa.

25. Antônio Egídio Martins, *op. cit.*, p. 175

3

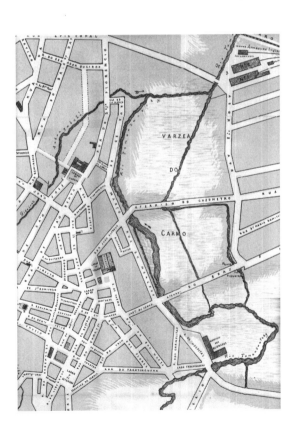

19. *(Na página anterior) Trecho da planta de São Paulo publicada por Jules Martin em 1890.*

P erfilamos até aqui, uma série de iniciativas que dizem respeito a obras urbanas e construção. No entanto, a impressão final é de que, comandados sob o signo de inversões imediatistas, todos esses empreendimentos careciam de um sentido social claro, podendo ser caracterizados como melhorias urbanas dependendo da felicidade mais ou menos ao acaso de servirem convenientemente à população.

Desse conjunto de iniciativas, encontraremos um contraponto.

Ao engenheiro Adolfo Augusto Pinto (1856-1930) talvez possamos atribuir as primeiras preocupações ordenadas a respeito de melhorias urbanas. Nascido em Itu e falecido em São Paulo, ele concluiu o curso de engenharia civil na Escola Politécnica do Rio de Janeiro em 1879. Veio para São Paulo indicado para ocupar o cargo de engenheiro fiscal da Companhia Cantareira de Esgotos, ocupando o mesmo cargo depois na São Paulo Railway, de onde saiu para se tornar chefe do escritório central e engenheiro auxiliar da diretoria da Companhia Paulista de Estradas de Ferro, onde teve papel relevante como engenheiro. Teve importante participação na realização da Catedral da Sé e participou de inúmeros júris de concurso, entre eles o de casas econômicas em 1916 (como veremos), durante a administração municipal de Washington Luís e o do monumento do Ipiranga. Escreveu inúmeros artigos para jornais, abordando questões econômicas, técnicas ou artísticas, como na polêmica sobre o "estilo neocolonial". Publicou diversos livros, entre os quais o clássico *História da Viação Pública em São Paulo,* em 1903.

No início de 1890, publicava uma série de artigos como editoriais no *Correio Paulistano* com o título "Melhoramentos Municipais". Em um dos artigos, defendia:

> É tempo de mudar de rumo, de banir de vez a rotina e o empirismo, substituindo-os pela ciência, pelo método, sobretudo quando, com o desenvolvimento das respectivas funções constitucionais, se desenvolvem também os meios de ação do governo municipal, e, por outro lado, tanto há que fazer em cidade que expande-se como S. Paulo e cujas necessidades se multiplicam em progresso crescente[26].

Este pensamento voltava-se ao principal problema urbano da época: o saneamento público. Daí evidentemente os principais melhoramentos municipais defendidos por Adolfo Pinto não tratarem de viadutos, galerias, exposições ou construções especiais, mas sim das condições higiênicas da cidade.

Salientava o engenheiro os seguintes problemas: "canalização de esgotos e organização de um serviço de recolhimento de lixo doméstico e limpeza pública; o perfil longitudinal e alinhamento das

26. "Melhoramentos Municipais", *Correio Paulistano,* São Paulo, 24 jan. 1890.

ruas, que causam problemas de escoamento; a salubrificação e aformoseamento da Várzea do Carmo"; a cobertura e embelezamento do Anhangabaú, do Largo da Memória até a rua 25 de Março; a drenagem e ajardinamento da Praça da Republica; a criação de três estabelecimentos de higiene: piscinas públicas (referindo-se ao problema do banho, dada a deficiência da distribuição de água), lavanderias públicas (a lavagem era feita à margem dos rios e córregos, persistindo o problema da distribuição de água) e ginásios para prática de esportes ("somos um povo de anêmicos, sem músculos, sem vigor") e levantava a falta de escolas públicas e bibliotecas[27].

Sobre a cobertura do Anhangabaú, o engenheiro propunha

... Abrir-se importante via de comunicação direta e de nível, entre quase todos os bairros suburbanos da capital, com a circunstância de tornar o novo mercado de verduras, situado em terreno limítrofe de três freguesias da cidade, francamente acessível por todos os lados, sobretudo para as procedências do Brás, Mooca e sítios de além, os quais como sabe-se, são os que mais abastecem o nosso mercado de verduras.

Tais comunicações hoje não se fazem senão através da colina central da cidade, e portanto subindo e descendo ladeiras, o que torna penosa e sobremodo pesada a tração dos veículos de toda a espécie[28].

O antigo Largo dos Curros mereceria especial atenção porque "com efeito, achando-se a Praça da Republica muito próxima da parte central da cidade, com a qual em breve estará ligada pelo Viaduto do Chá, o ajardinamento é medida que as circunstâncias impõem"[29].

27. "Melhoramentos Municipais", *Correio Paulistano*, São Paulo, 22, 24, 26 e 31 de jan., 3, 13 fev. 1890.
28. "Melhoramentos Municipais", *Correio Paulistano*, São Paulo, 26 jan. 1890.
29. "Melhoramentos Municipais", *Correio Paulistano*, São Paulo, 26 jan. 1890.

Talvez Adolfo Augusto Pinto seja um dos pioneiros ao levantar a conveniência de um código florestal na época.

Por aqui se vê que são verdadeiras calamidades públicas as grandes derrubadas, os largos descortinos da terra pela devastação das matas, sobretudo nos lugares altos, onde elas se levantam como para embaraçar o curso das nuvens e ativar-lhes o ponto de saturação[30].

"Arborizar é sanear" defendia o engenheiro ao destacar a importância de vegetação como moderador do clima, fixador da poeira atmosférica, umedecendo o ambiente, drenando terrenos encharcados e produzindo oxigênio, além de mencionar o seu valor ornamental[31]. Propunha a arborização das vias e logradouros públicos, no qual foi atendido anos mais tarde, com um setor da prefeitura exclusivamente voltado a esse fim.

Adolfo Augusto Pinto propugnava uma visão salubrista da cidade – coerente com a sua formação de engenheiro e empenhado no setor de abastecimento e canalização de esgoto, num pensamento imbuído no espírito positivista da época.

O Primeiro Plano para a São Paulo do Século XX

É também Adolfo Pinto que nos revela em suas memórias a existência do que teria se transformado no primeiro plano oficial de melhorias para a cidade de São Paulo[32].

Campos Salles, em seu programa de governo para a presidên-

---

30. "Melhoramentos Municipais", *Correio Paulistano*, São Paulo, 8 fev. 1890.
31. "Melhoramentos Municipais", *Correio Paulistano*, São Paulo, 8 fev. 1890
32. Adolfo Augusto Pinto, *Minha Vida (Memórias de um Engenheiro Paulista)*, São Paulo, Conselho Estadual de Cultura, 1970, p. 124.

A CIDADE DE ADOLFO AUGUSTO PINTO

cia do Estado (iniciada em 1896 e interrompida no ano seguinte para a campanha federal) aventava promover uma exposição nacional em São Paulo. Organizou-se para isso uma comissão da qual participava Adolfo Pinto e, entre as deliberações, resolvem promover um plano preliminar de melhoramentos da cidade, cujas diretrizes o engenheiro foi o encarregado para desenvolver.

Desse plano constava o seguinte: a ligação da rua Boa Vista com o Pátio do Colégio por meio de um viaduto, completado, pela abertura de duas vias transversais: o prolongamento da rua da Quitanda até a rua 15 de Novembro e o prolongamento da rua 3 de Dezembro (na ocasião, continuação da rua Boa Vista, antes da construção do viaduto) à rua 25 de Março, até o canto do antigo mercado que existia no início da Ladeira General Carneiro. Assim justificava Adolfo Pinto anos mais tarde, em 1912, em uma série de artigos publicados em *O Estado de S. Paulo*:

> Se atualmente já o Largo do Tesouro não comporta todo o volume das comunicações com o Brás, e tanto assim é que nem todos os bondes que servem as várias linhas daquele bairro podem subir a rua João Alfredo[33], ficando muitos lá embaixo junto ao mercado, imagine-se como não há de agravar a situação ao cabo de alguns anos, quando a massa dos habitantes de São Paulo se elevar ao dobro e ao triplo da atual, maxime considerando que o Brás é talvez o bairro que mais elementos oferece ao crescimento da população[34].

Tais obras, exceto o Viaduto Boa Vista, jamais foram executadas. Já em 1890 um certo engenheiro Cowner havia desenhado um

33. Nome antigo da Ladeira General Carneiro.
34. Esta série de artigos, publicados em novembro de 1912 naquele diário seria reunida num opúsculo: Adolfo Augusto Pinto, *A Transformação e o Embelezamento de São Paulo: Artigos Publicados n' O Estado de S. Paulo*, São Paulo, Cardozo Filho & C., nov. 1912.

20. *Trecho da* Planta da Capital do Estado de S. Paulo e seus Arrebaldes, *desenhada e publicada por Jules Martin em 1890.*

A CIDADE DE ADOLFO AUGUSTO PINTO

projeto para o Viaduto Boa Vista, conforme original existente no Arquivo Histórico Municipal Washington Luís.

Também a abertura da Praça do Patriarca era cogitada neste projeto:

> Como se sabe, não só pela sua estreiteza pois mede pouco mais de meia dúzia de metros, como por ser o trecho sujeito a maior trabalho, a parte da rua Direita que fica entre a rua de S. Bento e a rua Líbero Badaró é a que reclama intervenção mais radical.
>
> Convergindo para a angustiosa apertura desse trecho nada menos de oito vias públicas de grande movimento (o viaduto à rua Líbero Badaró, em dois sentidos, a ladeira do Dr. Falcão Filho, a rua de S. Bento dois sentidos, a rua Direita e a rua da Quitanda) e por ali correndo linhas de bondes que fazem o serviço de muitos e importantes bairros da cidade é claro que dentro em pouco o trânsito nesse trecho será impossível, se não for ele transformando em espaçoso largo, tendo a sua divisa no alinhamento da rua da Quitanda, conforme sugeri há tempos, quando levantei nesta folha a idéia desse melhoramento.
>
> Esta magnífica obra, desde que seja assim realizada, e não se limite a um pequeno recuo de prédios, permitirá a arborização do local, abrirá espaço para o estacionamento de carros e automóveis de praça, ao mesmo tempo que facilitará tornar-se o novo largo excelente ponto de partida dos bondes que passarem pelo Viaduto do Chá, os quais poderão fazer a volta no próprio largo, deixando de atravancar as ruas do Triângulo[35].

Desse primeiro esboço para os melhoramentos de São Paulo, o seu autor evoca apenas estas duas propostas em sua autobiografia. Estes planos não tiveram prosseguimento à época, devido a epi-

35. Adolfo Augusto Pinto, *op. cit.*, p. 26.

demia de febre que irrompeu no Estado, exigindo as atenções das autoridades.

    Estas idéias não tiveram repercussão imediata. Mas nas décadas seguintes algumas das idéias seriam retomadas. Este período seguinte seria marcado com novas iniciativas do mesmo vulto, mas com espírito mais esclarecido, como veremos a seguir.

4
Os Melhoramentos de São Paulo

OS SERVIÇOS DA LIGHT — "A Light supprimiu os bondes extraordinarios."
(Dos jornaes).

— O melhor é não protestar... A Companhia é muito capaz de supprimir todos os bondes e obrigar os pedestres a pagar a passagem pelas ruas.

"Para o historiador social do futuro, Voltolino (1884-1926) terá a mesma importância que Debret, para o historiador atual. E assim como não se pode penetrar bem a corte de D. João VI, sem as gravuras do pintor francês, tampouco será possível entender o início do século XX paulista..."

Sergio Milliet

21. *(Na página anterior)* Voltolino, O Estado de S. Paulo *(edição vespertina)*, 16 nov. 1920.

A primeira década do século XX é marcante como um momento em que se cristalizou certa consciência sobre a realidade urbana como um conjunto de obras a se realizar.

As inversões em melhorias urbanas e especulação imobiliária mantinham sua vitalidade anterior mas o espírito de intervenção era outro, mais consciente, talvez esclarecido pela formação de um quadro de engenheiros egressos da Escola Politécnica, talvez pela presença de empresas estrangeiras voltados à exploração de serviços de transporte e energia formando um referencial de intervenção urbana cujas ações não foram poupadas da ironia do traço de Voltolino.

É certo que nesta época os problemas que afligiam Adolfo Augusto Pinto em 1890 haviam alcançado outra ordem de grandeza. Era preocupação da prefeitura as desapropriações para o novo alinhamento de ruas e embelezamento de logradouros públicos, isto é, ações que transformavam o valor da terra.

O alinhamento das ruas.

Trecho de aqueducto.

É peculiar também a presença da Diretoria de Obras Públicas da Prefeitura em áreas anteriormente restritas à iniciativa particular, como a consolidação do projeto do Viaduto Santa Efigênia, cuja construção foi autorizada pela lei n. 910 de 1906, com anteprojeto desenhado pela própria Diretoria e que, anos depois, transformar-se-ia na primeira dívida externa do Município. Essa influência crescente do órgão público culminaria anos mais tarde com a apresentação de um plano de melhoramentos para o centro de São Paulo, que predominaria sobre outro empreendimento similar, de iniciativa privada.

Mas já nos primeiros anos do século a Diretoria de Obras, sob a direção do engenheiro Victor da Silva Freire, estabelecera uma sis-

22. Voltolino, O Estado de S. Paulo *(edição vespertina)*, *15 maio 1920.*
23. Voltolino, O Estado de S. Paulo *(edição vespertina)*, *22 jan. 1920.*

CARNAVAL NO BRAZ

Os preparativos da Light, da Comp. do Gaz, da Limpeza publica e de alguns particulares na avenida Rangel Pestana.

Projectos municipaes

Para resolver o problema do calçamento da cidade.

24. Voltolino, *O Estado de S. Paulo (edição vespertina)*, 22 jan. 1921.

25. Voltolino, *O Estado de S. Paulo (edição vespertina)*, 22 jan. 1921.

36. Relatório de 1904 apresentado a Câmara Municipal de São Paulo pelo prefeito Dr. Antonio da Silva Prado. São Paulo, Vanorden & Co., 1905, p. 22.

temática arborização das ruas paulistanas, com a criação de um viveiro anexo ao Jardim da Luz. O ajardinamento da Praça da República, iniciado em 1902, estava completo em 1904. Outros logradouros foram entregues nesse ano, completamente transformados, como os Largos do Carmo, 7 de Setembro, General Osório, Guaianases e da Concórdia, e as Praças João Mendes e São Paulo[36].

Os relatórios do prefeito Antônio Prado apresentados à Câmara Municipal, nesse período, traziam pormenorizadas relações de árvores plantadas nos logradouros públicos, preocupação inspirada nos movimentos salubristas na Europa, do qual Silva Freire seria um dos baluartes em São Paulo.

O Teatro Municipal e a Indicação Silva Telles

A construção do Teatro Municipal próximo à cabeceira do Viaduto do Chá em posição dominante sobre o vale sugeriu uma indicação apresentada à Câmara Municipal em 1906 pelo vereador Augusto Carlos da Silva Telles, propondo melhoramentos à altura do portentoso edifício, então iniciado. Solicitava estudos à Prefeitura, tendo em vista: construir fachadas adequadas para os edifícios voltados ao vale, tanto do lado da rua Líbero Badaró como da rua Formosa; estudar a desapropriação de casas do lado ímpar da rua Líbero Badaró, entre as ruas São João e Direita, assim como a Ladeira Dr. Falcão, entre a rua Líbero Badaró e o Largo da Memória, lado par, e os edifícios que ocupassem o espaço necessário ao prolongamento da rua do Anhangabaú até o Largo do Riachuelo[37]. Em 1907 a Diretoria de Obras Municipais apresentaria um projeto seguindo as indicações do vereador, que seria aprovado pela lei n. 1.331 de 6 de junho de 1910[38].

Seria a primeira iniciativa por parte do poder municipal a tentar assumir um empreendimento desse porte, envolvendo grandes desapropriações e a urbanização de uma grande área central da cidade. Até aquele momento, obras desse gênero eram próprias da iniciativa particular. No entanto, essa mudança de atitude não significou uma alteração real imediata no quadro de intervenções urbanas em São Paulo. Mesmo que houvesse um desejo potencial por parte do poder público para assumir obras de embelezamento urbano, somente a iniciativa privada arriscava recursos financeiros

37. *Melhoramentos da Capital 1911-1913*, São Paulo, Prefeitura Municipal, 1913, p. 50. In: Maria Isabel de Campos Duprat, *Paisagem Natural: Sua Apropriação e Percepção no Processo de Evolução Urbana*, São Paulo, 1978 (Trabalho de Graduação – Faculdade de Arquitetura, Universidade Mackenzie).

38. Relatório de 1911 apresentado à Câmara Municipal de São Paulo pelo prefeito Raymundo Duprat. São Paulo, Casa Vanorden, 1912, estampa 3.

26. Caricatura assinada por Tid, publicada no diário A Tarde, *14 set. 1911, dois dias após a inauguração do Teatro Municipal.*

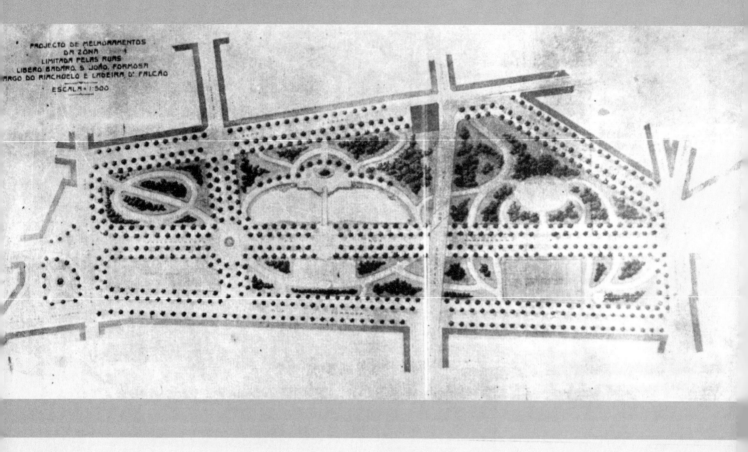

OS MELHORAMENTOS DE SÃO PAULO

27. (Acima) Projeto de urbanização do Vale do Anhangabaú desenvolvido pela Diretoria de Obras Municipais seguindo indicações do vereador Silva Telles.

28. (Embaixo) Vista do Vale do Anhangabaú antes das remodelações.

para tais empreendimentos, oferecendo propostas articuladas segundo os seus interesses. Esta situação tornar-se-ia o paradigma das limitações do poder público e da atuação do empreendimento privado na evolução da cidade de São Paulo até hoje.

A 14 de novembro de 1910 um grupo de capitalistas proporia ao poder legislativo do Estado e à Câmara Municipal um monumental projeto de remodelação da cidade, à maneira do modelo parisiense empenhado por Haussmann durante o governo de Napoleão III – que se tornou conhecido como Projeto Alexandre de Albuquerque.

Poucos dias depois, em 26 de novembro, a Câmara nomearia uma comissão destinada a estudar um acordo com o Governo do Estado, visando reforçar o orçamento do Município ou obter um auxílio para iniciar obras de melhoramentos urbanos. Esta Comissão iria dirigir uma representação ao legislativo estadual acompanhada de memorial com uma relação de obras prioritárias para a cidade: alargamento do leito e elevação do nível da rua Líbero Badaró alargamento da rua São João, formando uma avenida, obedecendo a largura da Praça Antônio Prado; prolongamento da rua Boa Vista até o Pátio do Colégio, por meio de um viaduto; abertura de uma praça no quarteirão da rua Direita (Praça do Patriarca); prolongamento da avenida Luís Antônio até a rua Direita, entre as ruas São Bento e Líbero Badaró, e talvez até a Praça Antônio Prado[39].

Este conjunto de melhoramentos fazia parte de um plano geral de obras que estava sendo projetado na Diretoria de Obras Municipais, que seria divulgado em sua totalidade em janeiro de 1911,

39. *Idem*, pp. 6-7.

29. "Melhoramentos da Capital. Rua Líbero Badaró, entre Rua São João e Rua Direita." No local do sobrado da esquina esquerda ergueu-se o prédio Martinelli na década de 1920.

30. "Melhoramentos da Capital. Rua Líbero Badaró, entre Rua São João e Largo São Bento." Ao fim da rua vemos parte da elevação do Mosteiro de São Bento.

31. Rua Líbero Badaró esquina com Ladeira Dr. Falcão. No lugar da "Casa de Emprestimos sobre Penhores" de Luiz Medici ergueu-se o edifício Medici, o primeiro prédio em concreto armado de São Paulo, projetado por Samuel das Neves em 1912.

com a transmissão de cargo do prefeito Antônio Prado para Raymundo Duprat.

O Congresso Estadual, atendendo às reivindicações da Câmara, deliberou abrir os créditos necessários até a quantia de 10.000:000$000, autorizando o Governo do Estado a organizar um plano de melhoramentos, conforme lei nº 1.245 de 31 de dezembro de 1910[40]. E, num dos primeiros casos excêntricos de relacionamento entre poder estadual e municipal, o Governo do Estado encarregava o engenheiro Samuel das Neves de estudar um plano para a cidade, simultaneamente ao que se realizava na Diretoria de Obras Municipais.

Assim, no curto período entre novembro de 1910 e janeiro de 1911, três projetos de melhoramentos para São Paulo foram tornados públicos: o primeiro, proposto pelo grupo de capitalistas, o Projeto Alexandre de Albuquerque; o segundo, conhecido pelo nome dos autores – Projeto Freire-Guilhem mandado organizar pelo prefeito Antônio Prado na Diretoria de Obras Municipais e oficialmente divulgado em 3 de janeiro de 1911 em memorial endereçado ao governador do Estado, Albuquerque Lins; e o último, promovido pelo Governo do Estado e conhecido como Projeto Samuel das Neves, divulgado pelo *Correio Paulistano* de 23 de janeiro de 1911. Dos planos, certamente o último foi o mais rapidamente elaborado, pois três semanas após o decreto legislativo, um diário de grande circulação publicava uma perspectiva e as diretrizes básicas do projeto. Sintomaticamente, é o único plano que não se configurou em sua totalidade, entre os três.

40. Secretaria de Estado dos Negócios da Agricultura, Comércio e Obras Públicas do Estado. Relatório apresentado ao Dr. M. J. de Albuquerque Lins, Presidente do Estado, pelo Dr. Antônio de Padua Salles, Secretário da Agricultura: Anos 1910-1911. São Paulo, Brazil de Rothschild & Cia., 1912, p. 203.

O clima polêmico que estabeleceu com a apresentação dos projetos fez com que a Câmara recorresse ao juízo do arquiteto francês Joseph Antoine Bouvard. A casualidade na história nem sempre é bem-vista por certas correntes historiográficas, mas é possível que a participação do arquiteto Bouvard numa proposta urbanística na cidade de São Paulo contenha certa dose de imprevisibilidade.

Joseph Antoine Bouvard (nascido em Saint-Jean de Bournay, 1840, falecido em Paris, 1920) desde 1907 vinha trabalhando para a municipalidade de Buenos Aires, num projeto de "melhoramentos na cidade" (reiterando a expressão da época, posto que ainda não havia se vulgarizado no Brasil a palavra "urbanismo"). Notícias dão conta de que em 1911 o arquiteto francês realizava uma viagem de Paris para o Rio de Janeiro, rumando em seguida para a cidade de Curitiba (Estado do Paraná), a convite de um conterrâneo, onde permaneceu "alguns dias". São Paulo era uma escala em sua viagem. Recusando solicitações para uma estadia mais longa, comprometeu-se na volta para se demorar mais – o que efetivamente cumpriu[41]. Esse conterrâneo era Edouard Fontaine de Laveleye, banqueiro francês com interesses econômicos no Paraná, e que havia contratado Bouvard para assessorá-lo em algum empreendimento[42].

Ele foi recebido como uma grande personalidade pelos seus colegas. Afinal, além de seu trabalho na capital argentina, Bouvard naquele instante ostentava uma folha de serviços públicos com 47 anos de atividades, situando-o como uma incontestável autoridade profissional e naquele preciso ano (1911) aposentava-se como dire-

41. Notícia publicada no *Almanaque Brasileiro*. Não temos a referência bibliográfica completa. Trata-se de cópia gentilmente cedida pelo arquiteto Alexandre Luiz Rocha, matéria publicada com o título "Cidade de São Paulo", pp. 345-350, provavelmente em 1914.
42. Roney Bacelli, *Jardim América*, São Paulo, Secretaria Municipal de Cultura, 1982, p. 25.

O Estado de S. Paulo (edição vespertina), 1920

BOUVARD
Morte do Ilustre Arquiteto

Paris, 6 (H.) Faleceu o arquiteto, sr. Bouvard, ex-diretor do serviço de arquitetura desta capital.

O engenheiro Bouvard, que esteve em São Paulo em 1911, sendo autor do grande plano de remodelação de nossa capital, plano de que tem sido executados alguns detalhes, fez brilhantes estudos no colégio de Vienne, no Delphinado, sua terra natal, de onde saiu arquiteto, indo para Paris em 1863, com 23 anos de idade. Ali entrou para a escola de belas-artes, no *atelier* de Constant-Dufeux, auxiliando o seu chefe nas obras do Pantheon e da escola de direito.

Terminados os seus estudos artísticos entrou para o serviço da municipalidade, sendo encarregado pelo prefeito do Sena de construir a igreja de São Lourenço. Nomeado inspetor dos trabalhos da *mairie* de Belleville, ali o surpreendeu a guerra franco-prussiana. Partiu para a guerra, foi ferido no combate de Buzenval, perto de Paris, e, impossibilitado de continuar, voltou para trabalhar junto de Constant-Dufeux, arquiteto de Luxemburgo. Por esse tempo travou relações com Alphand, em circunstâncias interessantes.

Quando o governo de Versalhes resolveu instalar no Luxemburgo a administração do governo do Sena, o célebre Alphand ali compareceu prontamente. A primeira pessoa com quem topou no palácio foi Bouvard. Autoritário e seco, foi lhe dizendo:

— Vamos, desocupe o lugar, o prefeito vem instalar aqui a sua repartição.

E Bouvard, no mesmo tom:

— Não, senhor; enquanto não me apresentarem um documento em regra, comprovando os direitos que o senhor pretende fazer valer, ninguém entrará aqui.

Alphand não teve remédio, senão ir buscar a ordem por escrito. Ficou, naturalmente, furioso, mas depois sossegou; e, sossegando, veio até a gostar do teimoso com quem se defrontara. O resultado foi o engenheiro Alphand ir pedir ao engenheiro Bouvard que se encarregasse da tarefa de adaptar o palácio de Luxemburgo ao destino que ia ter, — o que Bouvard fez em algumas semanas, a contento do mestre e de todos. Ficaram os dois muito amigos, e juntos vieram a realizar depois grandes obras de exposições, festas públicas e embelezamento urbano.

O Estado de S. Paulo (edição vespertina), 1920

(32)

Quando em 1879 o Parlamento passou de Versalhes para Paris, o engenheiro Bouvard foi encarregado de instalar a prefeitura do Sena no lindo pavilhão da Flora, único resto das "Tuilleries", incendiadas em 1871. A instalação fez-se em três meses. Depois disso, nomearam-no arquiteto da administração central das Belas-Artes e das Festas. Encarregaram-no de construir escolas, das quais instalou cinqüenta e seis no espaço de seis meses, nos vários distritos de Paris. Na Isére, construiu a escola nacional profissional. Em Paris, o quartel da Guarda Republicana, no *boulevard* Morland, a bolsa do trabalho, o domo central da exposição de 1889 e muitas outras obras. Reconstituiu e completou o velho edifício do Museu Carnavalet, onde residira a marquesa de Sevigné.

Uma das especialidades de Bouvard são as exposições. Fez grandes obras nas de 1878 e 1889. Na de 1900 foi diretor da arquitetura, dos parques e dos jardins. Chefiou a instalação das exposições de Viena em 1873, de Londres em 1874, de Bruxelas em 1876, de Amsterdã em 1881, e mais, Liège e Milão.

Foi por algum tempo inspetor geral do serviço de arquitetura da cidade de Paris; em 1897, promoveram-no a diretor administrador do serviço de arquitetura, passeios, plantações, da viabilidade e do plano de Paris, reunindo ele assim em suas mãos todos os serviços relativos à conservação e ao embelezamento da cidade.

Além da ponte Alexandre III, concepção sua, a ele se deve a construção de dois palácios que substituem o antigo palácio da Indústria, no local da exposição de 1900. Com essa obra ficou livre a imponente perspectiva do palácio dos Inválidos pela avenida Nicolau.

Era o engenheiro Bouvard um nome que se pode dizer universal, tal o acatamento em que todo o mundo civilizado era dispensado às suas opiniões acerca da arquitetura e, principalmente, dos embelezamentos e melhoramentos das cidades modernas. Com a sua morte perde a França um dos mais elevados expoentes da sua intelectualidade.

tor dos Serviços de Arquitetura, Passeios, Viação e Plano da capital francesa[43].

A elite da arquitetura e engenharia de São Paulo homenageou o ilustre visitante na Rotisserie Sportsmann. Mas, por trás dessa confraternização, havia um contido mal-estar. Bouvard havia sido convidado pela municipalidade de São Paulo para opinar a respeito de um debate urbanístico iniciado no ano anterior, envolvendo grandes interesses inversionistas. Protesto sob o signo corporativo disfarçavam os interesses maiores. Alexandre de Albuquerque se manifestaria na *Revista de Engenharia* de 1911:

> Não faltam em nosso Estado, arquitetos e engenheiros, que passaram seis longos anos nos bancos da academia, recebendo das mãos dos mestres diplomas científicos, todos aptos para estudar e organizar um projeto geral de melhoramentos da capital paulista. Quer-nos parecer que na nossa escola superior de engenharia se timbra em exigir dos alunos os conhecimentos indicados nos programas, e que os novos engenheiros, depois de consumir fulgurantes dias da mocidade, na conquista do saber, possuem os conhecimentos e o bom senso necessários para colaborar honradamente na solução de todos os problemas úteis à comunidade em que vivem.
>
> Se para dar conselhos técnicos sobre os melhoramentos da capital, é necessária a presença do Sr. Bouvard, parece-nos lógico aconselhar ao Governo do Estado que se dispense do luxo de manter uma escola superior de Engenharia, de Arquitetura e de Indústria, esquecendo-se, mesmo, que entre os seus ilustres mestres, figura o nome do mais notável arquiteto brasileiro[44].

43. *Revista de Engenharia*, São Paulo, vol. 1, n. 1, p. 27, 10 jun. 1911.
44. Alexandre de Albuquerque, "As Grandes Avenidas e os Melhoramentos", *Revista de Engenharia*, São Paulo, vol. 1, n. 2, pp. 44-45, jul. 1911. Citado em Benedito Lima de Toledo, "Em um Século, Três Cidades", *CJ Arquitetura*, São Paulo, n. 19, p. 37, 1978, pela primeira vez, mas constando como carta enviada ao prefeito.

OS MELHORAMENTOS DE SÃO PAULO

Bouvard deixou-nos um relatório com o seu parecer a respeito dos melhoramentos de São Paulo. Antes, vejamos os planos elaborados pelos engenheiros e arquitetos locais.

Projeto Alexandre de Albuquerque

A vitalidade da iniciativa dos grandes capitalistas voltaria a sondar novas inversões com melhoramentos urbanos. Em 14 de novembro de 1910, um grupo de onze figuras proeminentes da sociedade paulistana apresentava uma petição ao Congresso Legislativo do Estado e à Câmara Municipal requerendo licença e concessão para a construção de três grandes avenidas na capital de São Paulo.

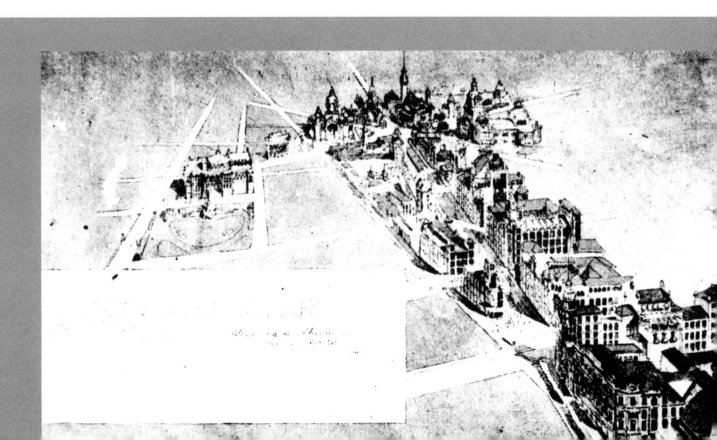

33. Perspectiva do Projeto Alexandre de Albuquerque. O Teatro Municipal se encontrava à esquerda.

Participavam do grupo o Conde de Prates, Plínio da Silva Prado, José Nogueira Paulino, José Martiniano Rodrigues Alves, Nicolau de Souza Queiroz, Barão de Bocaina, Horácio Belfort Sabino, Sylvio de Campos, Francisco de Paula Ramos de Azevedo e Alexandre de Albuquerque. Este último, formado engenheiro civil e arquiteto pela Escola Politécnica em 1905 e professor da Escola a partir de 1917, foi o autor do projeto, denominado "As Novas Avenidas de São Paulo" ou "As Grandes Avenidas"[45].

O arquiteto, em sua exposição de motivos, destacando principalmente a proximidade das festividades do centenário da Independência, justificava: "Não é quimera, pois, esperar que, em quase doze anos, São Paulo possa mostrar a vontade ingente de seus filhos, demolindo, e, nas ruínas, erguendo uma nova cidade digna dos progressos do século". A dimensão do empreendimento pode ser avaliada por estas palavras.

O plano, em princípio, não iria interferir no Triângulo tradicional, "não só por respeito ao passado, como também pelo colossal dispêndio de capitais em virtude do alto valor da propriedade".

O projeto apresentava as seguintes propostas:

A avenida principal partiria da Praça Antônio Prado em direção aos Campos Elíseos com a possibilidade de se desdobrar até o Bom Retiro e Ó, além do vale do Tietê; uma avenida partida das imediações do Teatro Municipal em direção às estações da Luz e Sorocabana, e por fim, uma avenida ligaria o Largo e Viaduto de Santa Efigênia (em vias de execução na época) com o Largo do Arouche.

45. Alexandre de Albuquerque, *As Novas Avenidas de São Paulo*, São Paulo, Casa Vanorden, 1910.

Comunicações fáceis serão, assim, estabelecidas entre as duas importantes estações de estrada de ferro, o centro atual e os populosos bairros da Liberdade e Vila Mariana, por intermédio das ruas Quinze de Novembro, Marechal Deodoro, ou Capitão Salomão, cujos alargamentos já estão sendo executados, e ruas da Liberdade e Vergueiro. Por outro lado, os Campos Elíseos, Higienópolis, Santa Cecília, Perdizes e Lapa, terão natural ligação com a atual Praça Antônio Prado, que continuará a ser um ponto principal na nova capital paulista,

justificava Alexandre de Albuquerque na exposição de motivos.

A concordância das três avenidas se daria aproximadamente no cruzamento da Avenida Ipiranga com a rua Amador Bueno, onde "a magnífica perspectiva que se gozará do centro desta praça, donde irradiarão seis grandes ruas, só será comparável àquele que se aprecia em Paris, no cimo do arco da praça da Estrela". Ao longo dessas avenidas seriam construídos prédios de "dois ou mais pavimentos e obedecerão aos modernos estilos arquitetônicos, tendo preferência os de sumptuosa fachada", que seriam ocupados por "estabelecimentos comerciais de primeira ordem" além de reservarem áreas para construção do Paço do Congresso Estadual, o Palácio do Governo, a nova catedral, o edifício dos Correios e Telégrafos e um parque e jardim botânico e zoológico na extremidade de uma das avenidas. Propunha ainda como opção a abertura de um avenida através do Triângulo ligando a Praça Antônio Prado ao Largo São Francisco, procurando acesso à Avenida Luís Antônio) comunicação para a Avenida Paulista e Santo Amaro, e a abertura de um largo diante da Igreja de Santo Antônio.

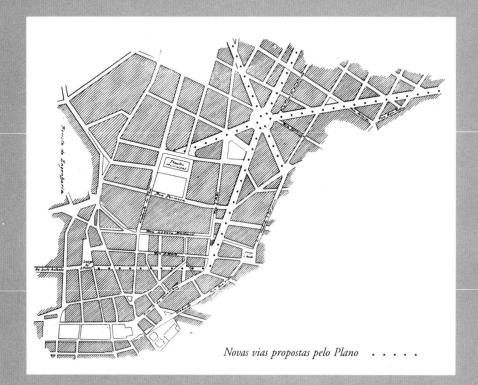

34. *Planta do Projeto Alexandre de Albuquerque. O plano era essencialmente formal em sua realização, adotando o esquema utilizado por Haussmann em Paris. Observe-se a bizarra simetria e regularidade formada pelas três avenidas sobrepondo-se à estrutura urbana existente.*

Segundo Albuquerque, "a idéia de construir essas três avenidas se harmoniza perfeitamente com os diversos projetos sugeridos em várias épocas", dos quais cita o alargamento da rua Líbero Badaró, a construção de uma ponte entre o Teatro Municipal e a Travessa do Grande Hotel (hoje Miguel Couto), o Viaduto Boa Vista e um grande parque na Várzea do Rio Tietê, próximo à Ponte Grande.

A contrapartida para o vultoso investimento da empresa, amparada por capitais estrangeiros, seria feita com os privilégios concedidos pelos poderes públicos para: desapropriar prédios e terrenos ao longo das novas vias numa faixa de cerca de 160 metros de largura, com direito de revenda ou alienação; explorar uma linha de transportes servindo as avenidas e as vias adjacentes os favores e concessões da lei 1.193A de 1909; garantia de juros sobre 1/4 do valor do investimento, estimado em 160.000:000$000; dispensa de taxas de importação de materiais destinados às obras; além de decretos e leis da Câmara Municipal que facilitassem o empreendimento. O poder público arcaria com a construção e prolongamento da rede de água e esgotos e da iluminação das vias e praças. Caso a alternativa da quarta via ligando a Praça Antônio Prado com o Largo São Francisco fosse efetivada, o Estado ainda arcaria com metade do valor do pagamento das desapropriações.

Certamente no Barão de Haussmann (1809-91) encontraremos o modelo mais pertinente em relação ao projeto de Albuquerque, não só na analogia de uma ação ampla e enérgica, como nos critérios de projeto.

Assim como a experiência francesa, o plano de avenidas exigia grandes expropriações em nome da higienização e eliminação de aspectos precários da cidade antiga. E a remodelação partia de princípios inspirados no formalismo geométrico da tradição barroca característica do século XVIII francês, adotado por Haussmann em Paris. Assim, encontramos no projeto de Albuquerque uma solução baseada na criação de grandes e longos "boulevares" definindo pontos de fuga monumentais (no espírito do "culto ao eixo" do barroco francês) em cujos focos se situariam monumentos, como no caso da Ópera de Paris e a sua tradução, o Teatro Municipal de São Paulo. A ligação entre este e as estações também sugere as preocupações de circulação do modelo francês. O cruzamento das avenidas do plano de Albuquerque, como o próprio autor adiantou, é inspirado na Praça de L'Etoile, formalmente caracterizada, pela sua rígida regularidade e simetria, com amplas perspectivas monumentais.

Uma característica importante da proposta estava no abandono do Triângulo tradicional, à procura de um novo espaço articulado com as antigas e novas referências urbanas, defendendo uma radical transição do núcleo urbano significativo para além do Vale do Anhangabaú. Este setor da cidade, na época, possuía uma ocupação relativamente modesta, o que tornava a desapropriação desta área bastante menos onerosa. Se a esse dado acrescentarmos que, no caso da abertura da via de ligação com a Avenida Luís Antônio, os requerentes demandavam a partilha dos custos de desapropriação com o Estado (essa avenida cortaria áreas altamente valorizadas no Triângulo), diríamos que a mudança proposta do núcleo urbano significativo foi decorrência de uma questão econômica, aliada a outra puramente formal: dificilmente as irregularidades planimétricas do Triângulo permitiriam a criação de grandes bulevares dentro do critério de projeto adotado.

O modelo de planejamento de Albuquerque – baseado nas intervenções de Napoleão III entre 1853-70 – estava em descompasso na Europa diante das propostas de planejamento urbano alemão, as idéias de Camillo Sitte e o movimento inglês das cidades-jardins.

OS MELHORAMENTOS DE SÃO PAULO

35. Perspectiva do Vale do Anhangabaú, segundo a proposta do Projeto Freire-Guilhem.

Projeto Freire-Guilhem

O plano conhecido como Projeto Freire-Guilhem certamente foi um trabalho de lento amadurecimento, iniciado com a organização de um setor da Prefeitura dedicado às obras públicas – teoria e prática. Com a reorganização da administração municipal e a volta do cargo de prefeito no lugar do intendente, surgia a possibilidade de se criar a Diretoria de Obras Municipais, órgão criado pelo primeiro prefeito desta nova fase administrativa, Antônio da Silva Prado.

O Conselheiro Antônio Prado assumiu a prefeitura municipal em 1899. Nomearia para chefe da Seção de Obras, e em seguida, diretor, o engenheiro Victor da Silva Freire.

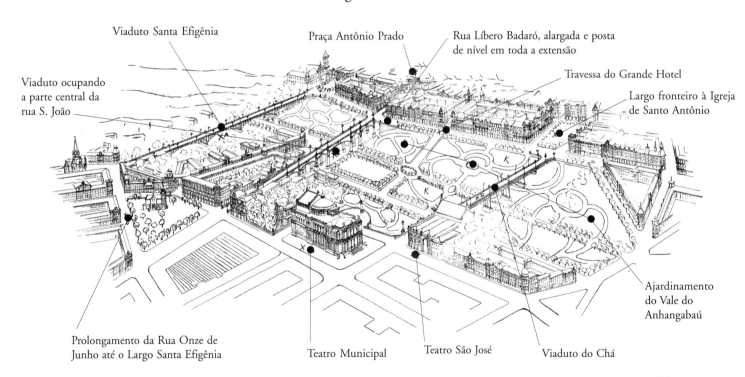

Sob a direção de Freire, a Diretoria de Obras Municipais levaria adiante a tarefa de procurar adequar a estrutura urbana paulistana, de feições coloniais, à nova dinâmica imposta pelo crescimento explosivo da cidade, dentro de um espírito cosmopolita de remodelação urbana, referenciado nas mais atualizadas teorias e experiências urbanas da época.

Victor da Silva Freire (1869-1951) era engenheiro civil formado na École des Ponts et Chaussées de Paris. Nascido em Lisboa, de pais brasileiros, após sua graduação trabalharia nas oficinas mecânicas de Charles Beer em Liège, onde também atuou na construção civil, para a Société International de Travaux Publics, participando também na construção de pontes metálicas na Espanha.

Em 1895 estava em São Paulo, trabalhando na Superintendência de Obras Públicas, sob a direção de Rebouças, tendo ainda dirigido o 3º Distrito do Serviço de Abastecimento de Águas e Esgotos no interior do Estado e um dos chefes da Comissão de Saneamento durante o governo Campos Salles.

Não tinha ainda trinta anos quando foi convocado por Antônio Prado; foi diretor de obras municipais até 1926, quando se aposentou. Era professor do curso de tecnologia das construções civis na Escola Politécnica desde 1897, onde também exerceu o cargo de diretor e vice-diretor. Escreveu diversos ensaios – "A Madeira e seus Ensaios", "Melhoramentos de São Paulo", "A Cidade Salubre", "A Tecnologia Geral no Século XX", "O Futuro Regime das Concessões Municipais na Cidade de S. Paulo", "Especificações sobre Areia para Argamassas e Concretos" – publicados na *Revista Poli-*

técnica. Foi um dos pioneiros no estudo e divulgação da insolação como condicionante do desenho de edifícios e cidades, sendo o responsável por várias leis municipais relativas à higiene e construção dos compartimentos de um edifício, como o ato 900 de 19 de maio de 1916 e o padrão para construções particulares promulgada em 9 de novembro de 1920[46].

Victor da Silva Freire seria também um dos únicos técnicos daquele momento ciente das teorias urbanísticas desenvolvidas após a experiência parisiense de Haussmann, munido de uma postura crítica em relação à remodelação francesa, paradigma das intervenções urbanas da época. Freire confessava uma expressa admiração por uma linha de pensamento:

> E, do estudo atento das obras clássicas que a Antigüidade nos legou – as grandes praças públicas, dos espaços mais pequenos em que a Idade Média concebeu as suas maravilhas, das obras-primas das épocas posteriores, formava-se pouco a pouco a técnica especial que ia tomando corpo e se firmava definitivamente com a primeira edição da obra do mestre a que tantas vezes já me referi, Camillo Sitte, em 1889.
>
> Foi a aplicação dos princípios dessa técnica que originou todos os melhoramentos "de verdade" de que me falava com entusiasmo, nos primeiros anos da minha carreira de engenheiro municipal, o ilustre sr. dr. Adolpho Gordo[47].

O arquiteto austríaco Camillo Sitte (1843-1903) foi o autor de *Der Städte-Bau nach seinen Künstlerischen Grudsätzen*[48] um ensaio sobre o ambiente urbano analisado em seus espaços peculiares,

---

46. *Revista Polytechnica*, São Paulo, n. 80, mar. 1926.
47. Victor da Silva Freire, "Melhoramentos de S. Paulo", *Revista Politécnica*, vol. 6, n. 33, p. 115, fev.-mar. 1911.
48. Na tradução brasileira, *A Construção das Cidades segundo seus Princípios Artísticos* (São Paulo, Ática, 1992).

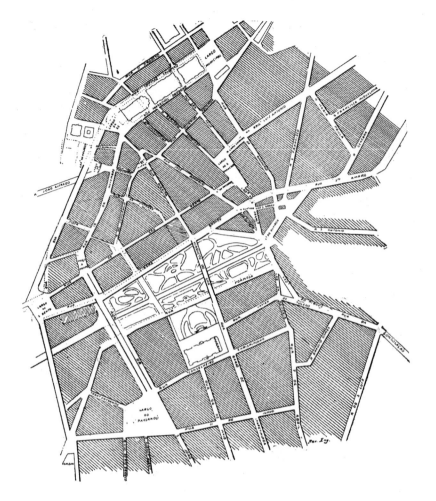

36. *Planta do Projeto Freire-Guilhem.*

um trabalho pioneiro dentro do conceito de "paisagem urbana" na acepção retomada por Gordon Cullen posteriormente.

Freire, em conferência sobre os melhoramentos de São Paulo proferida no Grêmio Politécnico em 15 de fevereiro de 1911, mostraria todo o seu conhecimento teórico ao analisar detidamente a experiência urbanística alemã do último quartel do século XIX e as novas experiências realizadas na Europa, ilustrando a palestra com alguns desenhos retirados da primeira edição francesa da obra de Sitte, além de apresentar os planos de Bouvard para Buenos Aires.

A figura de um técnico atualizado nas principais experiências urbanísticas européias à frente da Diretoria de Obras Municipais mereceria um estudo à parte, procurando relacionar a influência dessas idéias na formação do espaço urbano e da evolução das posturas de construção em São Paulo no começo do século.

O Projeto Freire-Guilhem[49], como dissemos, teve um lento amadurecimento. O plano apresentado em janeiro de 1911 incorporava as propostas apresentadas pelo vereador Silva Telles em 1906 e continha as recomendações preliminares apresentadas ao governo do Estado em dezembro de 1910. O projeto definitivo seria acrescido dos seguintes melhoramentos: construção de um viaduto em alvenaria ligando a Praça Antônio Prado ao Largo do Paissandu; alargamento da Travessa do Grande Hotel (atual Miguel Couto) e um futuro ajardinamento da Várzea do Carmo[50].

O conjunto de proposições apresentado no projeto da Prefeitura visava organizar a cidade no espírito do "circuito exterior" ou a solução "vienense" (do esquema aplicado na capital austríaca) que criaria um anel de circulação em torno do núcleo significativo da cidade.

Assim descreveria Freire:

Que impressão faria o "anel" paulistano? Suponhamos o caso de um visitante da capital. Desembarcando na Estação da Luz e entrando na cidade pelo Largo de S. Bento e rua Boa Vista, teria ele diante de si sucessivamente: o Parque da Várzea e o panorama da cidade industrial, o monumento da fundação e os edifícios do governo à esquerda. Continuando, veria a nova catedral de frente, contorná-la-ia por qualquer das

---

49. Eugenio Guilhem era engenheiro e vice-diretor da Diretoria de Obras Municipais.
50. "Melhoramentos do Centro da Cidade de São Paulo: Projecto Apresentado pela Prefeitura Municipal", São Paulo, Brazil de Rothschild & Cia., 1911.

ruas alargadas que hoje são Marechal Deodoro e Esperança, vendo sob um ângulo favorável o novo Congresso e o Paço Municipal. A essa parte da cidade, coalhada de edifícios públicos, seria imposto o caráter monumental cujo coroamento deveria pertencer ao Congresso. Em frente a este e para fazê-lo valer deveria ser rasgada uma larga esplanada de acesso abrindo sobre o Largo de S. Francisco. A Academia, o Mosteiro e, em seguida o terraço formado pela rua Líbero Badaró, debruçado sobre o parque do Anhangabaú e servido de centro a um belíssimo panorama, terminaria a volta pelo regresso ao ponto de partida no Largo S. Bento.

Era por essa forma respeitado o centro, propriamente dito, de cidade que, bom ou mau, perfeito ou defeituoso, representa a história do seu desenvolvimento. É isso que dá um cunho próprio, inconfundível, às cidades que adotam uma solução desta natureza; no nosso caso, ainda acrescido pela impressão que produziria o centro a cavaleiro de dois vales, dominando panoramas de natureza diferente[51].

E assim concluiria o engenheiro Eugênio Guilhem, a respeito do projeto:

> Executado que seja esse programa, não haverá mais razão para que o crescimento do "Triângulo" deixe de acompanhar rapidamente o nosso progresso; não teremos mais embaraços nem obstáculos de ordem topográfica, que devam ser vencidos; o menor esforço será a regra geral e natural para as comunicações; desaparecendo as ladeiras, as diferenças de nível e as soluções de continuidade, desaparecerão também as dificuldades de expansão, bem como a congestão, o atrito e os incômodos que se notam no movimento da zona mais ativa da Capital[52].

51. Victor da Silva Freire, *op. cit.*, p. 105.
52. "Melhoramentos do Centro...", *op. cit.*, p. 14.

37. Proposta para o Viaduto Boa Vista e tratamento do Pátio do Colégio. Observar a Catedral em sua posição inicial.

38. Observe-se a disposição do Largo da Sé e os edifícios do Paço Municipal, Congresso e Catedral.

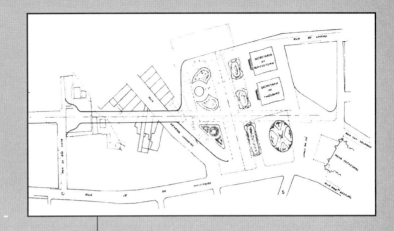

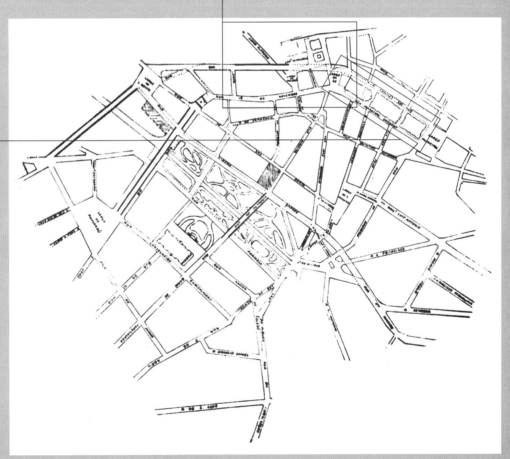

Projeto Samuel das Neves

O plano de melhoramentos da capital patrocinado pelo governo do Estado foi trabalho do escritório técnico do engenheiro Samuel das Neves e foi levado a público pela primeira vez na edição de 23 de janeiro de 1911 do *Correio Paulistano*. A notícia estampada daria margem a equívocos, pois atribuía o projeto ao governo do Estado e a execução à Prefeitura, o que não correspondia à realidade.

Samuel das Neves (1863-1937) nasceu em São Félix, Bahia. Diplomou-se em 1882, pela Escola Imperial de Agronomia, da Vila de São Francisco, onde fez estudos de ciências físicas, matemáticas e arquitetura, além de cadeiras de agronomia que lhe permitiram, dada a deficiência de atividades agronômicas na época, derivar para a engenharia civil[53].

Com a proclamação da República, transferiu-se para São Paulo, onde foi considerado um engenheiro inovador.

Foi o primeiro a empregar estrutura metálica em edifícios comerciais (prédios do Conde de Prates, Irmãos Weisflog, Casa Michel). Construiu, também, o primeiro prédio em concreto armado no centro da cidade, o prédio Medici, na rua Líbero Badaró, esquina da Ladeira Dr. Falcão, 1912, bem como a primeira casa de apartamentos para solteiros, nessa mesma rua, em terreno do Mosteiro do São Bento, 1913. Foi também o primeiro a usar tela metálica para os forros de estuque, o que era até então feito com ripas de palmito. Foi o introdutor das escadas de mármore "à sbalzo", em que os degraus são unicamente apoiados na pa-

53. "Centenário do Eng. Samuel Augusto das Neves", *A Gazeta*, São Paulo, 19 mar. 1963.

39. *Perspectiva do Vale do Anhangabaú, transformado em Avenida Central. O Teatro Municipal se encontra a direita; o lado ímpar da rua Líbero Badaró se encontra totalmente construído com edifícios de duas frentes.*

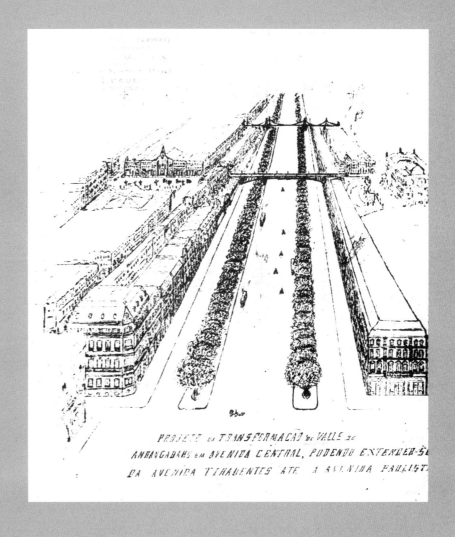

54. "Trabalhou por São Paulo!", *A Gazeta,* São Paulo, 6 fev. 1954.

rede (residência Hermínio Ferreira, rua Albuquerque Lins, 1914). Foi quem primeiro aplicou caixilhos de aço em prédios comerciais, fabricação inglesa (prédios do Conde de Prates), conforme se vê no catálogo da respectiva fábrica (1912), bem como calhas e condutores de ferro fundido galvanizado, de procedência inglesa[54].

Não há um documento-síntese do plano de Samuel das Neves, mas notícias e desenhos dados à luz em diferentes publicações. A perspectiva estampada no *Correio Paulistano* de janeiro de 1911 é o documento gráfico mais importante do plano. O que sabemos deste plano é produto do somatório de informações tiradas dessa edição do *Correio Paulistano* e do Relatório da Secretaria da Agricultura e Obras Públicas do Estado – parte do texto explicativo e parte dos elementos gráficos[55], que ajudaram a recompor o projeto inicial.

Estes seriam os pontos principais do plano:

1. Construção de uma ponte pênsil ligando o Largo do Ouvidor com a rua Xavier de Toledo, por sobre o Largo da Memória.
2. Alargamento da rua Líbero Badaró para 8,00 m desde o Viaduto Santa Efigênia até o novo viaduto proposto.
3. Abertura de uma avenida com jardins laterais no Vale do Anhangabaú, da rua São João até o Largo da Memória, prevendo-se o seu prolongamento para o norte até o rio Tietê, na Ponte Grande, e para o sul até a Avenida Paulista.
4. Com o novo alinhamento da rua Líbero Badaró, a construção de prédios entre esta via e a Avenida Anhangabaú, com duas frentes "decoradas".
5. Abertura de uma praça defronte à Igreja de Santo Antônio (a Praça do Patriarca) onde se construiria um palácio de diversos andares que ocuparia toda a testada entre a rua Líbero Badaró e São Bento, sendo o térreo em arcaria aberta "de modo a dar abrigo aos passageiros de bondes que circulem na mesma praça".

55. Secretaria de Estado dos Negócios da Agricultura, Comércio e Obras Públicas do Estado, *op. cit.*, pp. 203-205.

OS MELHORAMENTOS DE SÃO PAULO

6. Alargamento e prolongamento da rua do Grande Hotel (hoje Miguel Couto) para estabelecer melhor comunicação entre a rua de São Bento e o Anhangabaú.
7. Abertura de uma rua ligando o Largo de São Francisco até o ângulo da rua da Quitanda com Comércio (atual Álvares Penteado), atravessando as ruas Direita e José Bonifácio, com 250 metros de extensão a 16 metros de largura.
8. Construção do Viaduto da Boa Vista.
9. Prolongamento da rua da Quitanda até o Viaduto da Boa Vista.

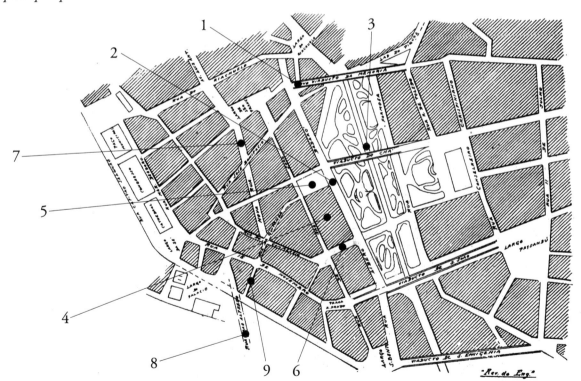

40. *Projeto Samuel das Neves, onde estão numerados os principais pontos.*

85

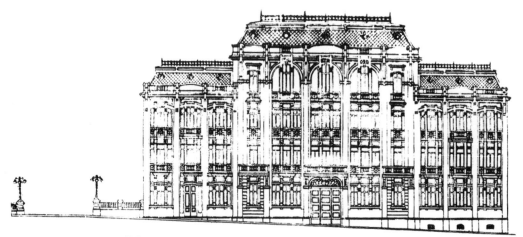

Melhoramentos da Capital — Projecto do novo predio na Rua Libero Badaró

42. *Viaduto Boa Vista, 1928.*

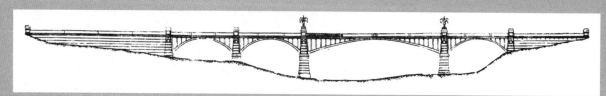

43. *Projeto do novo Viaduto do Chá, 1911.*

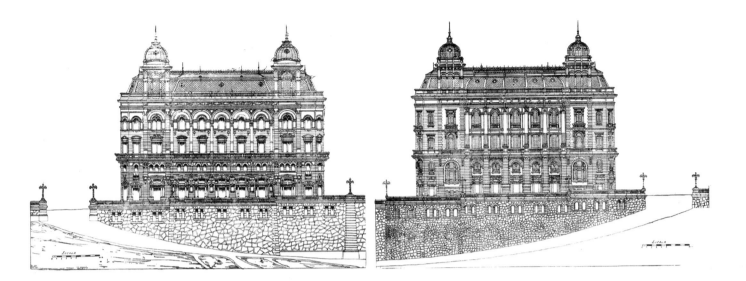

41. Projetos de Samuel das Neves para os prédios do Conde de Prates entre o Vale do Anhangabaú e rua Líbero Badaró. Foram os primeiros prédios a empregarem estrutura metálica em São Paulo.

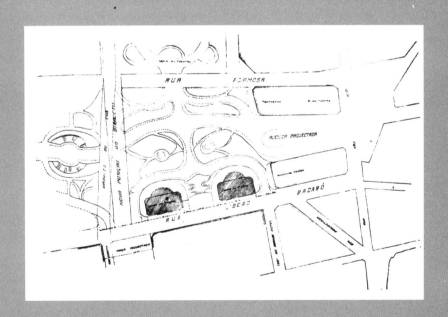

45. Implantação dos dois edifícios de Samuel das Neves no Vale do Anhangabaú.

Correio Paulistano – segunda-feira, 23 de janeiro de 1911

MELHORAMENTOS DA CAPITAL
O projeto do Governo do Estado sob a direção da Diretoria de Obras Públicas e a cargo do engenheiro Samuel das Neves

A ligeira perspectiva que estampamos da cidade, modificada segundo o projeto do governo do Estado, dá idéia dos melhoramentos que, de acordo com a Prefeitura, serão executados.

Pelo que se vê, a rua Líbero Badaró será alargada de oito metros, desde o viaduto de Santa Iphigenia até o que se projeta entre o Largo de S. Francisco e a rua da Consolação. Os prédios que serão construídos lado ímpar desta rua terão as fachadas que dão para o Vale do Anhangabaú decorados como as frentes, tendo o maior proprietário daquela via pública, o sr. Conde de Prates, assim acordado com o ilustre dr. Secretário da Agricultura. Além disso, o sr. Conde de Prates oferece ao governo dois de seus prédios – um na rua Líbero e outro na rua Formosa, e mais o terreno necessário no Vale do Anhangabaú para a abertura da rua que comunicará a rua de S. Bento com aquela, alargando-se a Travessa do Grande Hotel, pois que entra no plano a desapropriação do prédio n.51, da rua de S. Bento, o Hotel dos Estrangeiros e outras pequenas casa do lado par daquela travessa.

Visa também o projeto demolir diversos prédios compreendidos entre o prolongamento da rua da Quitanda até Líbero Badaró, esta rua, S. Bento e Direita, formando uma praça de cerca de três mil metros quadrados. Serão para esse fim desapropriados os prédios 40, 42, 44 e 46, da rua Líbero, 38, 38-A, 40, 40-A, 42, 42-A, 44, 46 e 48 da rua Direita e os de números 23, 23-A, 23-E e 25, da rua de S. Bento.

No lado da nova praça, fronteiro à Igreja de Santo Antônio, fará o governo construir um palácio, sobre toda a extensão da rua de S. Bento à Líbero Badaró, de diversos andares, tendo o *rez de chaussé* em arcaria aberta, de modo a dar abrigo aos passageiros dos bondes que circulam na mesma praça.

Ficará desta maneira, isto é, com a construção da praça, resolvido o problema de trânsito na rua de S. Bento e destruída a desagradável obstrução no ponto denominado Quatro Cantos.

A nova rua que do Largo de S. Francisco irá até o ângulo da rua do Comércio e Quitanda, atravessará as ruas Direita e José Bonifácio, tendo de extensão duzentos e cinqüenta metros e a largura de 16 metros.

Os prédios que serão demolidos serão os de números 14, 16 e 18 e os que a esses fronteiam no lado ímpar.

Esta rua será o escoadouro de parte da Avenida Luís Antônio e ruas da Liberdade, Riachuelo e outras.

Atravessando a rua Quinze a da Quitanda, prolongar-se-á esta até ao projeto do viaduto da rua da Boa Vista, sendo para isso necessário desapropriar parte do prédio n. 24, ora em construção, e todo o de n. 26.

A construção do Viaduto da Boa Vista exigirá a demolição de parte do Theatro Sant'Anna e virá até o Largo do Palácio, passando sobre a rua General Carneiro, em grande arco, como projetou a Prefeitura Municipal.

Á parte essa obra de arte corresponde aos fundos dos prédios da rua Quinze, o projeto cogita de construções, ficando em balaustrada livre a que olha para a várzea do Carmo, o que dará agradável perspectiva, sobretudo depois de realizados os melhoramentos que se projetam para aquela várzea.

Os estudos do projeto do governo, sobre a direção da Superintendência de Obras Públicas e a cargo do engenheiro Samuel das Neves, prosseguem com grande atividade, estando neles ocupados diversos engenheiros e desenhistas.

Está sendo refeita toda a planta do centro e levantada minuciosamente a parte do cadastro que interessará às desapropriações para abertura das novas ruas e viadutos.

Tivemos ocasião de ver no escritório do engenheiro Samuel das Neves a *maquette* da parte da cidade onde se projetam tão importantes obras, tendo se comprometido conosco aquele profissional a fornecer-nos uma cópia para expormos ao público em nossa redação.

Pela descrição que fazemos, vê-se que há muitos pontos de contato entre o projeto da Prefeitura e o do governo.

O digno presidente do Estado, dr. Albuquerque Lins e o Ilustre secretário da Agricultura, dr. Pádua Salles, assinalarão gloriosamente a sua passagem pela direção do Estado com a execução de tão importante projeto.

O dr. Pádua Salles entender-se-á na próxima semana com os srs. prefeito e presidente da Câmara e mais representantes do poder municipal sobre tão momentoso assunto.

Forçoso é dizer que da parte destes há toda a boa vontade de auxiliar o governo.

Finalizando, diremos que, atendendo ao grande pessoal e atividade com que estão seguindo os estudos, muito em breve tenhamos de vê-los executados.

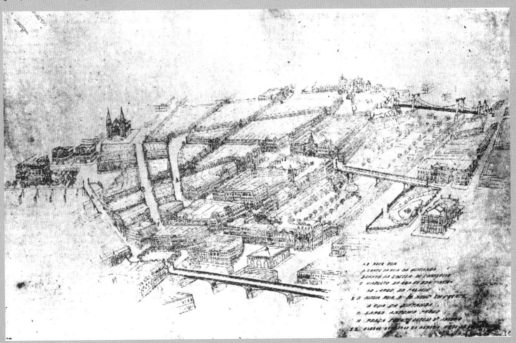

Algumas das idéias apresentadas neste plano não eram originais: o Viaduto da Boa Vista e a abertura da Praça do Patriarca eram propostas comuns a todos os projetos urbanísticos, além de Samuel das Neves ter adotado a idéia do prolongamento da rua da Quitanda lançada por Adolfo Augusto Pinto em 1896. O plano diferia do apresentado pela Diretoria de Obras Municipais pela ocupação do lado ímpar da rua Líbero Badaró (voltado ao vale), cujos terrenos pertenciam ao Conde de Prates, e o caráter de grande avenida ao Anhangabaú, prevendo a diametral hoje formada pelas avenidas Tiradentes, Prestes Maia e Nove de Julho (realizadas décadas depois).

Como contribuição original, o projeto de Samuel das Neves propunha o Viaduto de São Francisco (idéia retomada por Prestes Maia quase duas décadas depois e que jamais veio a se concretizar) e a nova ligação entre o Largo de São Francisco e a rua da Quitanda, que foi em parte executada no trecho hoje denominado rua Senador Paulo Egídio.

No segundo número da *Revista de Engenharia* de 1911, encontramos o seguinte:

A avenida-parque do Anhangabaú teria 60 m de largura, e, futuramente, se prolongaria para o lado da estação do Pari e para a Avenida Paulista, passando pelos três viadutos – Santa Efigênia, Memória e Chá.

E ainda:

No projeto também figura a abertura de uma nova rua que, do cruzamento da rua do Comércio com a rua da Quitanda, sobe procurando o prolongamento da Avenida Luís Antônio e que, do ponto de partida desce na direção oposta, rumo ao prolongamento da rua Boa Vista. Essa rua teria 18 m de largura e toda a edificação obedeceria ao tipo da rua Rivoli, de Paris[56].

Ao que tudo indica, este projeto nunca se configurou de maneira definitiva, embora algumas das idéias aventadas tenham se materializado décadas mais tarde.

Assim Victor da Silva Freire comentaria o projeto na conferência realizada no Grêmio Politécnico:

> À primeira vista parece que a idéia é, no fundo, a mesma que aqui expusemos e justificamos. Lá está Líbero Badaró alargada, o Viaduto até o Palácio. Há, é verdade, um outro Viaduto, de S. Francisco à Consolação, em substituição do de S. João do projeto da Prefeitura. Não seria muito difícil mostrar que este deve ser executado antes do outro. Porque aquele há de realmente ser feito, mas só mais tarde, quando o desenvolvimento da cidade o exigir. Deixemos, porém, esse detalhe e aceitemos a conveniência, desde já, da sua construção.
>
> Tem ela por fim bem claro o de desviar parte da circulação, que hoje entra pelo Viaduto do Chá, para o Largo de S. Francisco. E uma vez que a rua Boa Vista também lá esta prolongada até ao Palácio, parece que o projeto obedecia ao plano lógico de aproveitar o alargamento próximo e o desafogo presente da rua Marechal Deodoro, e transversais, para, por aí, pela rua Quinze alargada, ou pelo Viaduto João Alfredo, reinjetar essa corrente na circulação geral.
>
> Com admiração, porém, depara-se-nos uma nova rua que, do cruzamento de Comércio com Quitanda, sobe procurando o prolongamen-

56. "Os Melhoramentos de São Paulo", *Revista de Engenharia*, São Paulo, n. 1, vol. 2, pp. 40-42, jul. 1911.

to da Avenida Luís Antônio e que, do ponto de partida desce na direção oposta, rumo ao prolongamento de Boa Vista.

Qual é a função dessa rua? Não é fácil explicá-la. Porque, se o seu intuito é canalizar desde logo a corrente do Viaduto S. Francisco, diretamente, ao centro da cidade e rua Boa Vista, fica-se sem saber qual a utilidade do Viaduto sobre João Alfredo.

Fica-se igualmente sem saber por que motivo o trecho dos Largos do Palácio, Sé e Municipal não vale que essa corrente passe por ali. Será falta de confiança, nessa zona, para extensão do centro?

Mas nesse caso, era o Viaduto S. João e não o de S. Francisco que seria preciso fazer ...[57]

Freire ainda criticaria a encruzilhada formada pela nova via com "cinco ramos concorrendo num ponto" e apresentava uma outra alternativa, inspirada nas idéias de Sitte[58].

As críticas do engenheiro da prefeitura era produto da polêmica que se estabeleceu com a apresentação quase simultânea dos dois projetos, descartada a alternativa do plano de Alexandre de Albuquerque.

Estabelecida a pendência, a Câmara Municipal em sessão de 10 de março de 1911 resolveu consultar o arquiteto francês Joseph Bouvard a respeito dos planos.

Plano Bouvard

Num sucinto relatório entregue em 15 de maio de 1911, Bouvard enumerava sete indicações iniciais e um conjunto de reco-

57. Victor da Silva Freire, *op. cit.*, pp. 103-109.
58. *Idem*, pp. 109-110.

mendações. Sua proposta veio acompanhada de sete documentos gráficos: 1º) "Planta geral da cidade, com indicações propostas no presente e para o futuro"; 2º) "Planta de conjunto das modificações previstas no centro da cidade"; 3º) "Projeto de prolongamento da D. José de Barros, de maneira a formar uma artéria de grande circulação e uma entrada condigna no centro, partindo da situação atual das estações ferroviárias"; 4º) "Planta das alterações a realizar na parte da cidade compreendida entre as ruas Líbero Badaró e Formosa" (isto é, a proposta de um parque no Vale do Anhangabaú); 5º) "Variante da mesma, considerando a possibilidade da construção de dois corpos de edificação simétricos e de estilo adequado, na orla do parque"; 6º) "Projeto de um parque, a ser criado na Várzea do Carmo"; 7º) "Variante do mesmo, tendo em vista a alienação de uma parte dos terrenos".

O arquiteto não procurou ser minucioso:

> Não se trata, no caso vertente, senão de questões de princípio, espécie de programa de ação, que deverá ser desenvolvido pelos serviços municipais; o diretor das obras da Prefeitura, sr. V. da Silva Freire, possui, aliás, toda a competência desejável para levar a efeito a importante obra que V. Ex. teve a feliz idéia de empreender.
>
> O trabalho que tenho a honra de submeter a V. Ex., Sr. Prefeito Municipal, não constitui, pois, na realidade, senão a base de um programa de ação no presente e para o futuro, se não o escopo para onde devem encaminhar-se os esforços da administração; mas é de importância que esse programa seja desde logo adotado, se se não quiser ficar exposto a passos errados e a graves desilusões dentro de curto prazo[59].

59. "Os Melhoramentos de São Paulo: O Relatório do Sr. Bouvard", *Revista de Engenharia*, São Paulo, vol. 1, n. 2, p. 42, jul. 1911. [Relatório apresentado ao prefeito Raymundo Duprat].

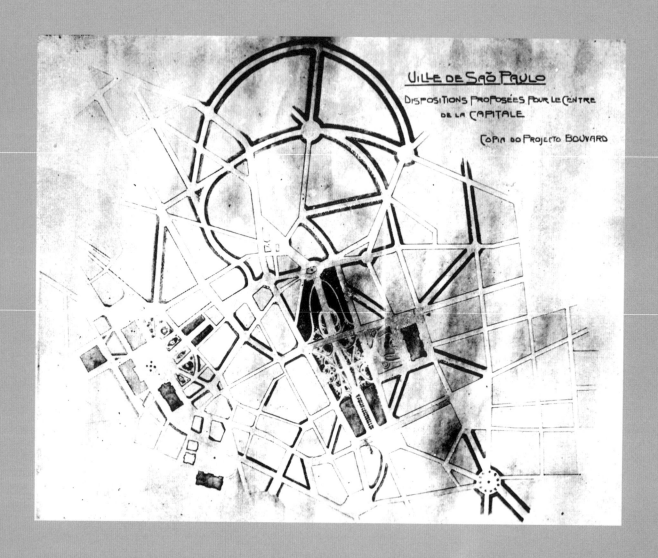

47. *"Planta de conjunto das modificações previstas no centro da cidade". O jardim do Anhangabaú apresenta outra solução. Observe-se a alteração no Centro Cívico, formado pelo Paço Municipal, Congresso e Catedral: o Congresso encontra-se em nova posição, criando uma melhor perspectiva para quem chega do Largo São Francisco. Em traços mais grossos, novas vias propostas. Uma "Praça da Estrela", como proposta por Alexandre de Albuquerque em seu plano, aparece na parte inferior direita do desenho.*

Talvez a contribuição maior de Bouvard tenha se constituído em reafirmar uma série de princípios e conceitos então vigentes no planejamento urbano europeu, endossando o conjunto de medidas propostas por Victor da Silva Freire na Diretoria de Obras Municipais.

Assim se manifestaria o prefeito Raymundo Duprat a respeito do relatório do arquiteto francês:

> E de fato, como sabeis, a respeito da palpitante questão de desafogo do centro, o projeto Bouvard coincide por tal forma nas suas linhas gerais que as idéias das passadas administrações e do meu honrado antecessor, que já se acham realizadas, há cerca de dois anos, as desapropriações necessárias a parte da operação[60].

Nas apreciações do relatório encontramos o sentido das preocupações urbanísticas para São Paulo, de Bouvard:

> Na elaboração do estudo [...] não me deixei guiar pelas impressões do primeiro momento, pela sugestão de um exame fugidio dos locais; estudei o terreno, examinei o movimento comercial e a intensidade de circulação dos diferentes bairros; tomei nota dos aspectos mais interessantes, dos monumentos, etc., e foi partindo do estado das coisas presente que cheguei à dedução do processo de crescimento normal da cidade, de futuro. Teria certamente sido fácil delinear uma cidade ideal, concebida de ponta a ponta, não fazendo caso do que existe, abstraindo dos esforços do passado; mas teria sido desconhecer os resultados alcançados, calcar aos pés as coisas mais respeitáveis, dar mostras da mais negra ingratidão para com os antepassados, teria sido aniquilar parcialmente a

60. "Relatório de 1911...", *op. cit.*, p. 15.

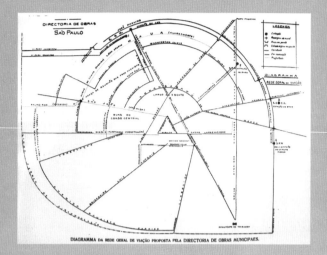 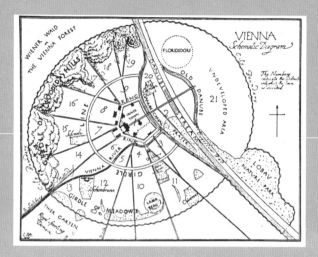

48. *"Diagrama da rede geral de viação", no espírito do esquema vienense de planejamento urbano.*

história de uma grande cidade. Não era seguramente esse o objetivo a ter-se em vista.

E de fato, quanto mais estudei a topografia da capital, tanto mais examinei o que ela foi no seu princípio e no que ela se transformou, mais profunda foi a minha convicção firmada no meu espírito, de que, sem comprometer coisa alguma, era possível tirar partido, e excelente partido, do que já existe, com o fim de garantir o futuro.

Sucede que, como conseqüência da configuração do solo, naturalmente por assim dizer, a cidade alastra-se exageradamente, com grande prejuízo das finanças municipais, pelos espigões das colinas fáceis de alcançar, sem que as construções se estendam pelos vales, mais dificilmente acessíveis. É necessário, de agora para o futuro, preencher os claros, o que será fácil, se se tomar a firme decisão de adotar certo número de medidas tendo como conseqüência um efeito bem especial, tão interessante como pitoresco.

É preciso, para esse fim, abandonar o sistema arcaico do xadrez absoluto, o princípio por demais uniforme da linha reta, vias secundárias que nascem sempre perpendicularmente da artéria principal. É necessário, numa palavra e no estado atual das coisas, enveredar pelas linhas convergentes ou envolventes, conforme os casos. Uma vez posto em prática semelhante processo, as ruas de parcelamento podem, sem inconveniente, tomar qualquer direção que lhes seja indicada pelo interesse dos proprietários.

Temos, por conseqüência: para o centro, para o triângulo, para a *urbs*, respeito do passado, inutilidade de rasgos e de alargamentos exagerados – inutilidade de fazer trabalhar, sem conta nem peso, o alvião, com o único resultado de fazer desaparecer o caráter histórico, arqueológico, interessante. Considero efetivamente possível descongestionar o centro comercial, de lhe melhorar certos aspectos, dali regularizar o movimento e a circulação, por meio de processos de derivação das correntes para as vias envolventes de fácil comunicação.

Para a periferia adota-se a circulação por meio de novas distribuições em anfiteatro, apropriadas à disposição pitoresca dos lugares. Estabelecida esta preliminar, a solução do problema acha-se subordinada aos dados seguintes:

Obter desafogo do centro da cidade, pelo retoque de algumas partes internas e pelo estabelecimento de comunicações, largas, fáceis e diretas, segundo o seu contorno.

Pôr em evidência e observar com carinho os aspectos e os pontos de vista mais notáveis, interiores e exteriores.

Criar aos edifícios públicos, construídos ou projetados, a moldura condigna, uma vizinhança que os faça pôr em relevo e corresponda ao custo da sua construção.

Assegurar o desenvolvimento da cidade em condições normais e racionais. [...]

Com relação aos monumentos ou edifícios públicos, nunca será demais insistir na escolha das disposições por nós projetadas. Está decidida a construção da Catedral, do Congresso, do Palácio do Governo,

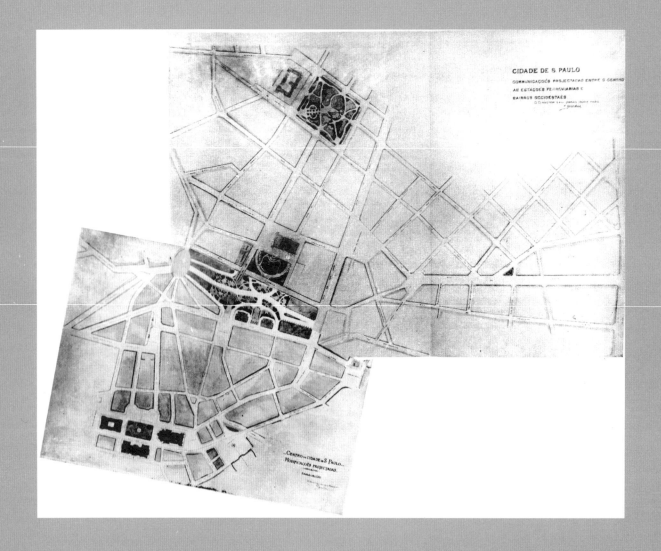

49. *Justaposição de duas plantas do plano Bouvard, configurando o eixo Praça da Sé – Praça da República, atravessando o Parque Anhangabaú.*

50 e 51. *(Página ao lado) Duas versões do projeto do parque da Várzea do Carmo: acima, a proposta completa; abaixo, alternativa no caso de alienação de parte do terreno para revenda, como compensação à companhia responsável pelo saneamento e urbanização do parque.*

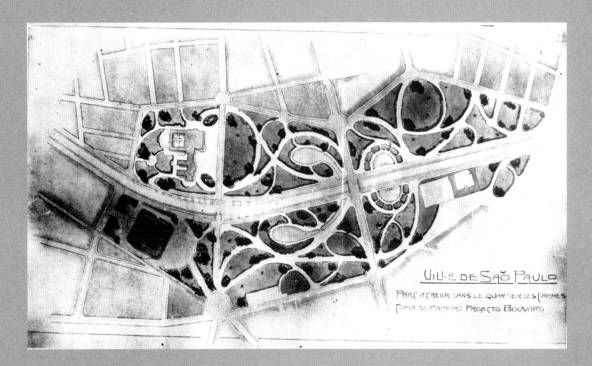

VILLE DE SÃO PAULO
PARC A CREER DANS LE QUARTIER DES LARMES
COPIA DO PRIMEIRO PROJECTO BOUVARD

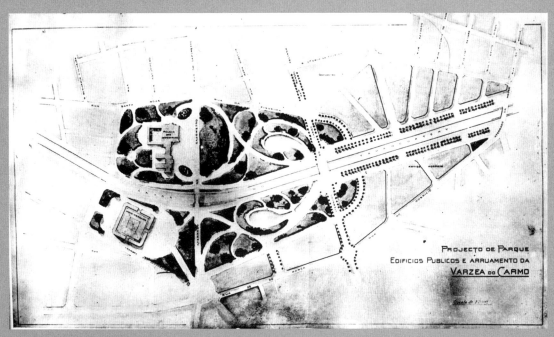

PROJECTO DE PARQUE
EDIFICIOS PUBLICOS E ARRUAMENTO DA
VARZEA DO CARMO

52. O Centro Cívico que São Paulo Nunca Teve

O Projeto Alexandre de Albuquerque não intervinha na parte antiga da cidade.

(a) No Projeto Freire-Guilhem propõe-se um conjunto monumental com a nova catedral construída sobre a antiga, o Congresso Estadual e o Paço Municipal e a abertura de uma esplanada defronte ao Congresso em direção ao Largo de São Francisco, criando uma perspectiva grandiosa, caracterizando um centro cívico para São Paulo.

(b) O Projeto Samuel das Neves reproduz a solução do Projeto Freire-Guilhem.

(c) O Projeto Bouvard adotou o padrão monumental proposto pelo Projeto Freire-Guilhem, concebendo o Centro Cívico juntamente com o Palácio da Justiça e o Palácio do Governo e ampliando a praça defronte o Congresso.

(d) Em mensagem enviada ao Congresso do Estado em 14 de julho de 1913, o presidente do Estado, Rodrigues Alves, comunicava a modificação do local da construção da catedral, conforme acordo entre o Estado, Município e Arcebispado, para uma "posição mais apropriada, tendo diante de si uma praça pública mais ampla". Na montagem, a configuração do que efetivamente se realizou na Praça da Sé e nova catedral.

1. Catedral
2. Congresso Estadual
3. Paço Municipal
4. Esplanada do Centro Cívico
5. Palácio do Governo Estadual
6. Palácio da Justiça

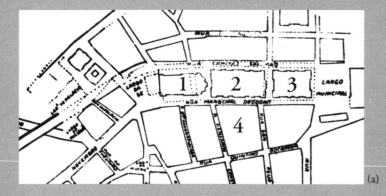
(a)

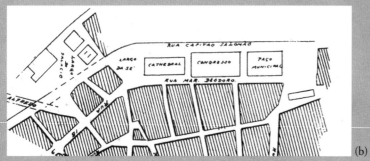
(b)

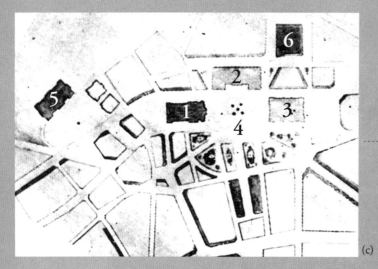
(c)

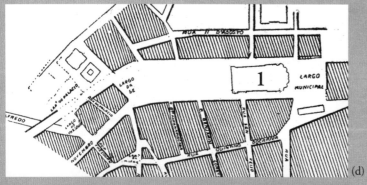
(d)

do Paço Municipal, Palácio da Justiça. Serão por ventura distribuídos ao acaso? Evidentemente não: é de necessidade absoluta colocá-los metodicamente, de forma a que concorram para um conjunto que pode ser do maior efeito. É mister que a despesa que vão ocasionar não fique estéril. Há nisso ensejo para uma obra notável, que marcará época na história de S. Paulo, que será a glória dos poderes públicos que lhe tiverem preparado a realização e que não cansarei de recomendar. Há sacrifícios, há despesas necessárias, as relativas à criação do centro cívico que proponho, estão em primeiro lugar, porque darão lugar no centro da capital paulista a um todo estético tão grandioso como imponente. [...]

Em todas essas disposições cumpre não esquecer a conservação e criação de espaços livres, de centros de vegetação, de reservatórios de ar. Mais a população aumentará, maior será a densidade de aglomeração, mais crescerá o número de construções, mais alto subirão os edifícios, maior se imporá a urgência de espaços livres, de praças públicas, de *squares* de jardins, de parques, se impõe.

Foi para tal fim que independentemente dos passeios interiores, de que apresento a colocação nos estudos, tendo em vista o encanto e atração da cidade, aconselho três grandes parques, lugares de passeio para os habitantes, focos de higiene e de bem estar, necessários à saúde pública, tanto moral como física. [...]

Está chegado o momento, é minha convicção, para que a cidade de S. Paulo entre com resolução no caminho que lhe é traçado pelo seu rápido movimento de progresso. Esta capital deve, hoje, sem tocar no passado, sem negligenciar o presente, cuidar do futuro, traçar o programa do seu crescimento normal, do seu desenvolvimento estético; deve, em uma palavra, prever, adotar e executar judiciosamente todas as medidas que reclamam e cada vez mais serão reclamadas pela sua grandeza e importância[61].

61. "Os Melhoramentos de São Paulo: O Relatório do Sr. Bouvard", *op. cit.*, pp. 42-43.

A partir das recomendações de Bouvard, a Diretoria de Obras Públicas detalharia um projeto urbanístico para São Paulo. O processo de implantação do plano foi lento – motivado pela constante falta de recursos. No entanto, durante a década de 1920, a ordenação do núcleo urbano se direcionou, em maior ou menor grau, conforme o plano, até a elaboração e implantação do Plano de Avenidas (1930) de Prestes Maia. O Parque do Anhangabaú e o Parque D. Pedro II tornaram-se realidades – realidades efêmeras no caso, pois a partir das década de 1940 acentuava-se a autofagia urbana.

É este quadro que se configurava na área central da cidade no decorrer destes anos e atinge na década de 1930 seus melhores momentos. Se estabeleceu um equilíbrio entre espaços livres, espaços de lazer, área verde e área construída, onde a paisagem natural está presente, se mesclando em paisagem urbana. É o momento em que a cidade adquire uma perfeição estética do espaço urbano jamais suplantada. Esta qualidade na estruturação do espaço vem se desvanecer com a rapidez que a era do automóvel assola a cidade, a ponto de ser apagada da memória do paulistano [na apreciação da paisagista Isabel Duprat][62].

São Paulo atingiu este estágio de equilíbrio sem que o plano preliminar de Bouvard fosse totalmente adotado; sua implantação foi parcial, em ritmo gradual, o que permitiu certas mutilações ao projeto estabelecido, além de intervenções ou propostas pontuais às margens do eixo Anhangabaú. Mas, certamente foi a existência de um plano mínimo coerente com os princípios urbanísticos da época que permitiu São Paulo alcançar um equilíbrio urbano saudosamente relembrado.

62. Maria Isabel de Campos Duprat, *Paisagem Natural: Sua Apropriação e Percepção no Processo de Evolução Urbana*, São Paulo, 1978 (Trabalho de Graduação – Faculdade de Arquitetura, Universidade Mackenzie).

O Estado de S. Paulo (edição vespertina), 28 de setembro de 1920

Como se poderia aproveitar a ladeira de S. João. — O alargamento da praça Antonio Prado. — Um projecto interessante.

A SOLUÇÃO DE UM PROBLEMA

Como se poderia modificar a Ladeira de S. João, de maneira que por ela pudessem passar facilmente os transeuntes e até os veículos?

O dr. Domicio Pacheco e Silva, engenheiro da Prefeitura, tem para isso um projeto bem aceitável, de que o *Estado* deu notícia detalhada a 29 do mês passado. (...)

É de crer que o sr. Prefeito municipal e os senhores vereadores já estejam cuidando do assunto, e em breve nos dêem a sua opinião sobre o projeto do sr. Domicio Pacheco e Silva, que nos parece excelente.

A Ladeira de S. João é uma das vias públicas mais movimentadas da cidade, e mais movimentada se tornará ainda depois de se inaugurar o edifício dos correios e telégrafos, na Avenida S. João. Se há possibilidade de a modificarmos, tornando muito mais cômodo e fácil o acesso à Praça Antônio Prado, e se, além disso, ainda aumentamos a área da Praça, que é realmente insuficiente para o trânsito público – está visto que nossas autoridades municipais devem estudar a questão com muito interesse, e, verificando que o projeto resolve o caso, tratem de o realizar sem demora, tanto mais quanto, ao que parece, já se abandonou a idéia de colocar na ladeira uma fonte monumental, segundo o projeto do escultor Zani.

54. Cliché com o Obelisco da Memória em O Estado de S. Paulo *(edição vespertina)*, 4 de outubro de 1919, em notícia informando o início das obras. O original do desenho de Victor Dubugras se encontra na Biblioteca da Faculdade de Arquitetura e Urbanismo da USP.

O Estado de S. Paulo (edição vespertina), 11 de janeiro de 1921

COISAS DA CIDADE

Há alguns dias que se acham inteiramente terminadas as obras do Obelisco da Memória (ou Pyramide do Piques, como se chamava antigamente), em boa hora mandadas realizar pelo dr. Washington Luís quando prefeito municipal. Quem se lembra do que era o obelisco há cerca de um ano, e vê hoje o embelezamento do local, não pode deixar de louvar a feliz iniciativa do ex-prefeito, graças a qual esse trecho abandonado e esquecido se tornou num dos mais interessantes recantos da cidade.

O dr. Victor Dubugras, a quem o dr. Washington Luís confiou a execução dos melhoramentos, soube aproveitar admiravelmente o local, distribuindo nele as escadarias e êxedras, e construindo, atrás do monumento, um belo chafariz, tudo já minuciosamente descrito nesta seção e até reproduzido em gravura, quando começaram as obras. O distinto arquiteto respeitou as melhores árvores do local, assim como não tocou no obelisco, com grande pesar, talvez, de certos estetas que bem desejariam ver raspado e lavado o velho monumento, senão mesmo pintado de verde ou amarelo...

Felizmente, já passou o perigo dessa calamidade, e o obelisco lá está intacto, com a patina dos 106 anos que já viu transcorrer. O chafariz, construído atrás do monumento, não é a reprodução exata do que existia ali, e que, segundo os cálculos mais aceitáveis, foi demolido em 1860: a reprodução do antigo chafariz, encontra-se, porém, em azulejo, na frontaria do atual.

O OBELISCO DA MEMORIA

Wasth Rodrigues, a quem se deve o desenho desse admirável azulejo, reproduziu nele, com a maior fidelidade, o chafariz de outrora, de que existem gravuras. E como é um artista que vive às voltas com os typos do nosso passado, compôs, junto à fonte, um quadro interessantíssimo, tal como deviam ser os arredores da Pyramide, no tempo em que o Piques era um entreposto importante, recebendo e recambiando diariamente muitas tropas de cargueiros.

O leitor dispensa-me, com certeza, de uma descrição minuciosa do trabalho de Wasth Rodrigues, visto que pode ter por si mesmo uma impressão justa diante da gravura que é hoje reproduzida.

Se é digna de elogios a iniciativa de se transformar o local, onde até pouco tempo só se via mato bravo, não o é menos a de confiar ao dr. Dubugras o serviço e a Wasth Rodrigues o desenho do azulejo, que já tem sido muito admirado. – P.

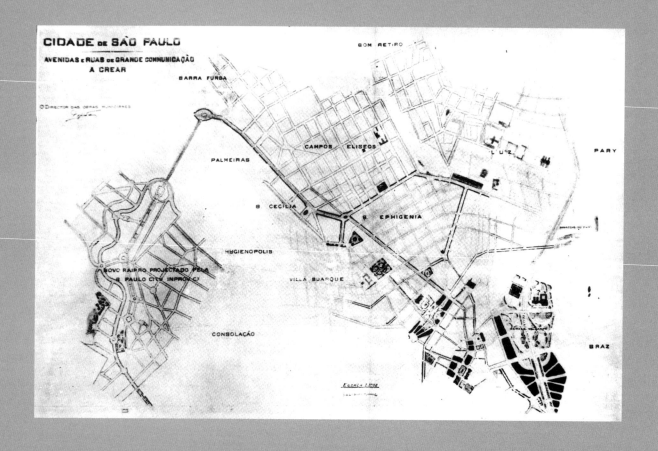

56. *Desenvolvimento do plano Bouvard. Neste desenho já encontramos a City Pacaembu delineada, apesar de ser o Jardim América o primeiro empreendimento realizado.*

5
A Periferia Saudável e a Periferia Remediada

57. *(Página anterior) Interior desenhado por Ludswig Doetsch para concurso de casas proletárias em 1916.*

A criação dos primeiros loteamentos afastados do núcleo urbano significativo de São Paulo data do final do século XIX. Neste período, em que num curto espaço de tempo se realizava, por exemplo, o loteamento da antiga Chácara Rego Freitas, já denominada Vila Buarque em 1890[63], a abertura da Avenida Paulista em 1891 e o loteamento do bairro de Higienópolis em 1898, encontramos os primórdios do princípio que orientou a expansão urbana de São Paulo: a criação de bairros ao sabor da especulação, onde eram abertos loteamentos separados do núcleo urbano por vazios que seriam preenchidos gradualmente, conforme a infra-estrutura implantada e as conveniências especulativas.

Neste quadro da evolução urbana situamos várias propostas de urbanização que sulcaram as periferias do tradicional Triângulo – e de maneira enfática, após a Primeira Grande Guerra.

A Companhia City decerto foi a mais importante urbanizadora em São Paulo nesse período. Loteamentos destinados às classes abastadas não eram novidade no segundo decênio do século XX. Mas a

63. *Correio Paulistano*, São Paulo, 29 jul. 1890.

58. Planta geral da cidade em 1909. Nesta época São Paulo já apresentava loteamentos afastados do centro significativo e grandes vazios que seriam preenchidos gradualmente. Notar a predominância do desenho reticulado ortogonal, com as concordâncias dessas malhas organizando vias de ligação entre núcleos distintos. O critério ortogonal seria abandonado a partir da segunda década do século XX com o surgimento dos padrões City de loteamentos.

importância da Cia. City esteve na implementação de um padrão urbanístico inédito entre nós: as cidades-jardins.

O Padrão Cidade-Jardim

Os vaticínios sobre o futuro brilhante de São Paulo feitos em 1911 pelo arquiteto francês J. Bouvard levaram o belga E. Fontaine de Laveleye a adquirir mais de 12 000 000 de metros quadrados de terrenos na zona oeste da cidade, os quais por sua vez ele vendeu em 1912 por £930 000 à City of San Paulo Improvements and Freehold Land Co., Ltd., organizada em Londres com um corpo de catorze diretores, onde se incluíam ele próprio, Bouvard, Cincinato Braga, Campos Sales e Lord Balfour[64].

Os terrenos da zona oeste da cidade se transformariam mais tarde na City Pacaembu – loteamento previsto na reformulação do plano da cidade após o relatório Bouvard[65] – e na City Lapa.

Mas seria o Jardim América o primeiro loteamento realizado pela City. Originalmente, o projeto seguiria os critérios de arruamento em malha ortogonal, cortada por diagonais[66]. Posteriormente, seria contratado o arquiteto e urbanista inglês Barry Parker (1867-1941) para realizar o projeto do Jardim América. Parker e Raymond Unwin (1863-1940) foram os arquitetos realizadores da primeira cidade-jardim executada no mundo – Letchworth, em 1902, baseada nas teorias concebidas por Ebenezer Howard (1850-1928), fundador do movimento das cidades-jardins.

Relacionado com a tradição utópica da primeira metade do século XIX e com as idéias formuladas por John Ruskin, Howard

---

64. Plínio Barreto, *Uma Temerária Aventura Forense*, São Paulo, 1933, I, pp. 24, 173-211, 331-332, *apud* Richard Morse, *Formação Histórica de São Paulo*, São Paulo, Difel, 1970, p. 367.
65. "Relatório de 1911...", *op. cit.*, p. 20.
66. Francisco Teixeira da Silva Telles, *Vias Públicas*, São Paulo, Secção de Obras d'*O Estado de S. Paulo*, 1918, p. 22.

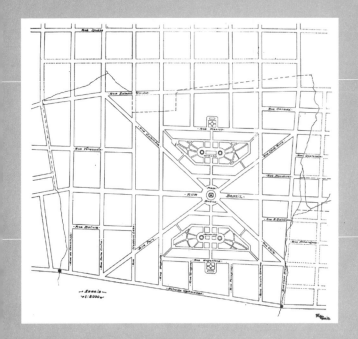 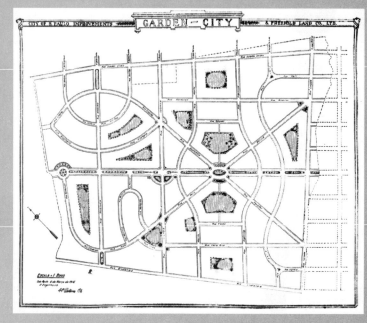

lançaria suas teorias urbanísticas em 1898 na obra *Tomorrow*, republicada em 1902 sob o título *Garden Cities of Tomorrow*. Em 1899 fundaria a Garden City Association, partindo para empreendimentos que culminariam com as cidades jardins de Letchworth e Welwyn (1919).

Mas a Parker e Unwin, cuja associação durou de 1896 a 1914, deve-se a materializacção das idéias de Howard, que não era arquiteto ou engenheiro. A sua formalização de uma cidade-jardim limitou-se a um esquema teórico. Aos dois arquitetos ingleses coube a tarefa de transpor à realidade esse esquema.

59. Proposta inicial de arruamento do Jardim América.
60. Esta planta, datada de 6 de março de 1916, corresponde aproximadamente ao traçado do Jardim América, mas é anterior à vinda de Barry Parker a São Paulo.

A PERIFERIA SAUDÁVEL E A PERIFERIA REMEDIADA

Formalmente, o critério de projeto adotado por Parker e Unwin estava ligado à tradição do paisagismo inglês, apropriando-se também das idéias e experiências urbanísticas da segunda metade do século XIX. Unwin, em sua obra *Town Planning in Practice, an Introduction to the Art of Designing Cities and Suburbs*, editada em 1909, discorria sobre o planejamento de cidades referenciando-se nas experiências germânicas e nos princípios estéticos de Camillo Sitte, de quem tomaria emprestado diversos esboços para atender questões de paisagem urbana. Aliás, as idéias de Unwin já eram conhecidas em São Paulo nessa época. Na Biblioteca da Faculdade de Arquitetura e Urbanismo da Universidade de São Paulo encontramos um exemplar da terceira edição (1913) da obra do arquiteto inglês, que pertencera ao engenheiro-arquiteto e diretor de obras municipais de Santos, Francisco Teixeira da Silva Telles, com uma dedicatória assinada por Roberto Simonsen.

Em julho de 1914, por meio de atos baixados pela Câmara Municipal, oficializava-se os nomes de países do continente americano para denominar os logradouros da Vila América[67].

A guerra estancou o ritmo febril de construção em São Paulo; a rigor, a ocupação do Jardim América somente se afirmaria em fins da década de 1920 e anos seguintes, com grandes áreas desocupadas caracterizando o loteamento no imediato primeiro pós-guerra.

67. Washington Luís Pereira de Souza, *Notas Explicativas: Nomes Dados a Ruas, Largos, Avenidas, Praças e Travessas pela Câmara e Prefeitura de S. Paulo nos Anos de 1914, 15, 16 e 17*, São Paulo, Augusto Siqueira & C., 1918.

Antes de construir a sua residencia, escolha um terreno que o proteja contra surpresas desagradaveis como esta.

SEJA PREVIDENTE!

Em nossos bairros V. S. terá a garantia de uma bôa vizinhança e, portanto, de uma valorisação segura.

JARDIM AMERICA	ANHANGABAHÚ
PACAEMBÚ	PERDIZES
ALTO DA LAPA	BELLA ALLIANÇA

RUA LIBERO BADARÓ, 50

61. Propaganda da Companhia City publicada na revista Architectura e Construcções, *início dos anos 1930.*

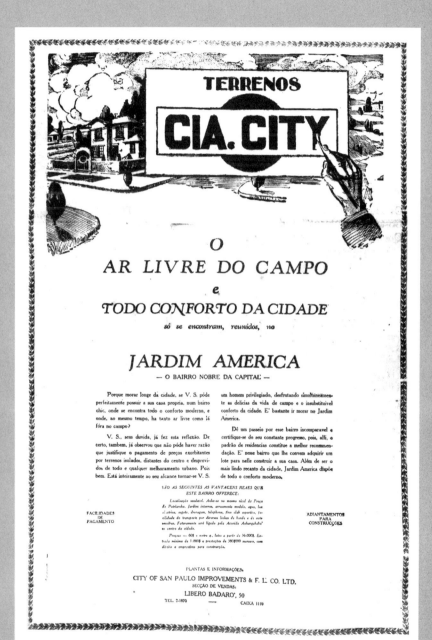

62. Propaganda da Cia. City para o Jardim América. O Estado de S. Paulo, 16 dez. 1928

63. Propaganda da Cia. City para o Pacaembu.

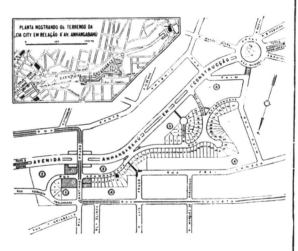

64. Propaganda da City para urbanização junto à avenida Anhangabaú (hoje avenida 9 de Julho), publicada em O Estado de S. Paulo, *16 fev. 1929.*

PRELÚDIO DA METRÓPOLE

A Publicidade da Urbanização

O padrão City era uma novidade em São Paulo naquele tempo. Howard pensara no esquema cidade-jardim como que vislumbrando constituir uma comunidade equilibrada. As idéias que nortearam as cidades-jardins na Europa foram apropriadas aqui como um modelo de urbanização para loteamentos de padrão diferenciado para as elites. É na década de 1920 que se inicia um vigoroso processo de urbanização de áreas periféricas ao centro urbano principal, quando a publicidade de dois produtos – lote urbano e automóvel norte-americano – chegava a ocupar toda a primeira página de um jornal como *O Estado de S. Paulo*. Muitos desses lança-

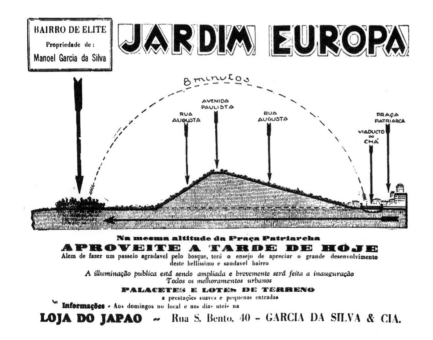

65. *Propaganda do Jardim Europa em 1928.*

A PERIFERIA SAUDÁVEL E A PERIFERIA REMEDIADA

mentos tinham como modelo o traçado sinuoso do Jardim América; mas as semelhanças ficavam somente na forma, pois somente as urbanizações da City possuíam a rigorosa legislação de ocupação e construção – mais rígida que as posturas municipais da época – que teve um similar somente no loteamento do Jardim Europa, traçado dentro do espírito dos padrões do empreendimento britânico.

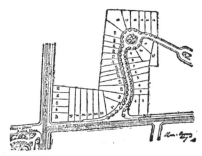

66. *Propaganda de loteamento para a Villa das Jaboticabeiras.* O Estado de S. Paulo, *16 jan. 1925. Corresponde atualmente à esquina da av. Domingos de Morais e av. Rodrigues Alves e a rua Fabrício Vampré. Obedece a um esquema sinuoso como o da City Anhangabaú e ambos se assemelham pela declividade acentuada do terreno.*

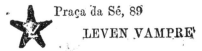

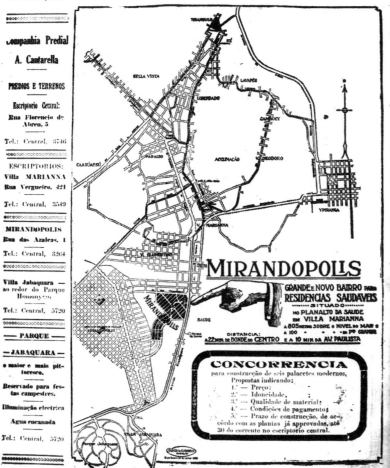

67. *Localização do loteamento de Mirandópolis.* O Estado de S. Paulo *(edição vespertina), 11 out. 1919. Observe-se a regularidade do traçado de alguns loteamentos e o desenho do arruamento de Mirandópolis e Parque e Vila Jabaquara.*

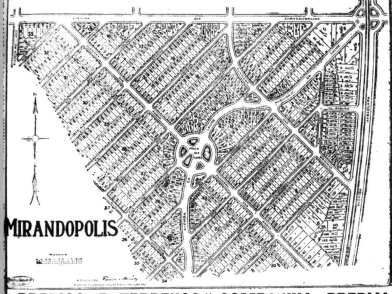

68. *Propaganda do loteamento de Mirandópolis.* O Estado de S. Paulo *(edição vespertina), 13 out. 1919. A avenida das Crisandálias é a atual avenida Luís Goes. Victor da Silva Freire, no artigo "Códigos Sanitários e Posturas Municipaes sobre Habitações..." publicado em 1918, comentava a respeito desta urbanização: "...a rua residencial que nos convém – a de dez metros, a escolhida já hoje por proprietários clarividentes, como o Sr. Cantarella, no bem delineado bairro que está rasgando na Saúde, na zona rural, ao abrigo portanto das peias da caduca legislação existente..."*

69. *Propaganda do loteamento de Vila Monumento em Ipiranga.* O Estado de S. Paulo, *15 jan. 1925.*

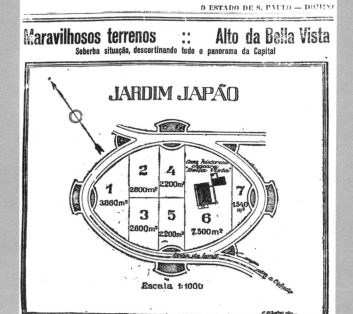

70. *Loteamento do Jardim Japão no Alto da Bela Vista.* O Estado de S. Paulo, *18 jan. 1925.*

BARROS E MATTOS
ARCHITECTOS E CONSTRUCTORES

VILLA GLACIAL

CONVITE ESPECIAL

— VILLAS —
"Primavera" "Verão" "Outomno"
"Inverne" e "Glacial"

Acham-se a venda estes palacetes situados no moderno bairro de Hygienopolis. Em exposição: Villa "Outomno" á rua Sergipe, 74.
E Villa "Glacial", á r. Albuq. Lins, 174.
Convidamos os srs. interessados a visitarem este palacete, das 7 as 21 horas, como apreciarem o lindo effeito produzido a noite pela illuminação sobre suas pinturas finas e bellas decorações em gesso.

BARROS E MATTOS
R. FLORENCIO DE ABREU, 23
S. PAULO

BARROS E MATTOS
ARCHITECTOS E CONSTRUCTORES

Terrenos em Sant'Anna

Iniciamos hoje mesmo a venda de cerca de 30 lotes, nos reservando ainda 100 lotes, distantes um quarteirão do bonde de Sant'Anna (200 réis), com agua, luz e esgotos.
Vendemos a dinheiro e a prazo, facilitando os pagamentos.
Os srs. interessados podem tratar com o sr. Robert, rua Francisca Julia, 4, em frente aos lotes, ou em nosso escriptorio.

Terrenos na Varzea do Carmo

Vendemos barato, tambem, os ultimos 2 lotes destes terrenos, com quatro esquinas, pegados á ponte da ladeira do Carmo, na praça D. Pedro II.

Telephone, Central, 4695.

BARROS E MATTOS
R. FLORENCIO DE ABREU, 23
S. PAULO

(71)

UM GRANDE ACONTECIMENTO PARA SÃO PAULO

CADERNETA-RECLAME DA CIA: "A CONSTRUCTORA"

Authenticada pelo fiscal do governo federal

Estão á venda as CADERNETAS-RECLAMES da Cia. "A CONSTRUCTORA", para concorrer ao sorteio dos seguintes premios:

1.º PREMIO: — UM LINDO PREDIO ESTILO COLONIAL, no aprazivel bairro do JARDIM PETROPOLIS.

2.º PREMIO: — UM AUTOMOVEL FORD PARA PASSEIO, exposto na Agencia R. CORNALBAS, á avenida S. João ns. 36 e 38.

3.º PREMIO: — UM APPARELHO DE RADIO TELEPHONIA COMPLETO, exposto á rua Barão de Itapetininga n. 73-A (Casa AUTO BELGA).

As cadernetas dão direito a sorteios diarios de 100$ a 500$ em dinheiro.

O sorteio será effectuado pela loteria da Capital Federal no dia designado na capa da CADERNETA-RECLAME.

As cadernetas são vendidas no escriptorio da Cia. "A CONSTRUCTORA", á rua Benjamin Constant n. 1, 4.º andar, e por seus agentes corretores nesta capital e no interior.

PREÇO: 5$000.

Unica companhia que constroe em prestações mensaes sem entrada inicial em dinheiro.

ESPECIALISTA EM CIMENTO ARMADO

72. Propaganda da companhia 'A Constructora'. O Estado de S. Paulo, 16 jan. 1925.

VILLA CONCEIÇÃO

É O NOME DE UMA NOVA CIDADE que surge ao lado de São Paulo, projectada com todas as regras e preceitos do moderno urbanismo, em lindo e grande planalto situado entre o Parque Jabaquara e a Villa São Bernardo, a cavalleiro da baixada onde a Light está construindo suas novas represas da Serra do Mar, e onde deverá levar muito breve uma linha de bondes.

A Villa Conceição, com área superior a tres milhões de metros quadrados, de terras de cultura de primeira ordem, é constituida de duas zonas: URBANA e AGRICOLA. Na zona urbana, ponto mais alto da bella collina, com 850 metros de altitude, toda rodeada de espessas florestas, está projectada a futura cidade com uma bonita avenida central de 24 metros de largura e 5 ruas parallelas de 16 metros, todas com quasi 2 kilometros de extensão, e mais 8 espaçosas ruas transversaes, formando quadras regulares em geral de 100x100 metros.

No ponto central da bella avenida, ha uma grande praça da extensão de uma quadra, que será bellamente ajardinada e em cujas faces lateraes serão construidas duas escolas publicas, um templo e um cine-theatro.

A zona agricola, que circumda a zona urbana, é ricamente irrigada por diversos ribeiros e nascentes de aguas crystalinas, excellentemente potaveis, os quaes fertilisam os terrenos que são de luxuriante vegetação. Para os pequenos agricultores, nenhum outro lugar se presta com mais garantia de lucros, pois, dão-se ahi admiravelmente o milho, o arroz, a batata e o feijão; é excellente para a horticultura, a floricultura e o cultivo de frutas europeas, como a uva, a maçan, a pera, a ameixa, a castanha e outras. O trajecto da capital á Villa Conceição se faz em 15 minutos a partir da linha de bondes, no Parque Jabaquara, por excellente estrada, de automoveis, que será brevemente percorrida por uma linha regular e permanente de auto-omnibus, de passageiros e de cargas. Esta estrada será ligada dentro em pouco tempo ao caminho do mar, no ponto proximo ao cemiterio de São Bernardo com extensão de tres e meio kilometros, e então ficará sendo esse o trajecto preferido para as excursões automobilisticas da capital á Santos e vice versa, com um percurso melhor, mais curto e mais bonito do que o actual, feito pelo Cambucy e Ipiranga.

A Villa Conceição, pela extensão de sua enorme área, pela fertilidade de suas terras, pela excellencia de seu clima e pela curta distancia que a separa das duas ricas metropoles commerciaes, São Paulo e Santos, está fadada a ser dentro em pouco tempo uma populosa e moderna "cidade de saúde", onde os ricos industriaes, os abastados commerciantes e os grandes intellectuaes terão sua vivenda de descanço e conforto ou sua chacara de recreio.

A Villa Conceição é propriedade da "EMPRESA URBANISTA VILLA CONCEIÇÃO" da qual são directores: Arthur de Sampaio Moreira, Paulo G. Ferraz e Marcellino Penteado.

A empresa vende seus terrenos a prazo de 5 annos sem juros, aos preços de 3 e 4$000 o metro quadrado, em lotes de 1.000 a 1.250 metros quadrados na zona urbana, e de 2 a 15 mil metros quadrados na zona agricola.

Não ha, em redor de São Paulo, terras tão bôas e nem mais baratas do que as da Villa Conceição. Empregar as economias de cada mez no pagamento de um lote de terreno na Villa Conceição pelo preço insignificante porque a empresa os está vendendo, é garantir aos filhos um grande capital em proximo futuro; é realisar o mais sabio acto de previdencia; é instituir o mais conveniente e garantido seguro de vida em beneficio da FAMILIA!

A empresa fornece condução aos pretendentes á compra, distribue prospectos e tabellas de preços com todos os detalhes de cada lote, planta e demais informações que forem pedidas, na sua séde, á PRAÇA DA SÉ, 34, SOBRELOJA, SALA, 15, SÃO PAULO, ou na propria villa, por seu inspector ahi residente.

ACCEITAM-SE AGENTES VENDEDORES, NA CAPITAL E NO INTERIOR
Terrenos vendidos pela Empreza Urbanista Villa Conceição

73. Propaganda do loteamento Vila Conceição. O Estado de S. Paulo, 18 maio 1926. Anunciada como "uma nova cidade", Vila Conceição propunha o "equilíbrio" entre a cidade e o campo, adotando um esquema inspirado nos utopistas do século XIX, preocupados em conceituar a cidade industrial.

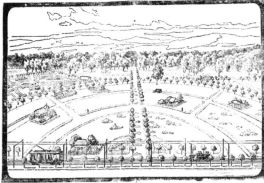

74. Propaganda do loteamento Nova Manchester na primeira página do jornal O Estado de S. Paulo *de domingo, 8 fev. 1925. O loteamento atualmente é o bairro de Vila Nova Manchester, na zona leste de São Paulo, sem nada do aspecto idílico sugerido pelo desenho.*

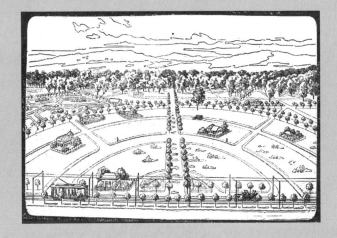

OPEROSOS INDUSTRIAIS

É a vós que nos dirigimos particularmente. Como perfeitamente compreendeis, a base do sucesso de todas as indústrias, é o aumento constante da produção. Para isso, como fazem os grandes industriais europeus e norte-americanos, deveis diminuir o capital imobilizado e aumentar o capital produtor. E isso só podereis fazer transferindo vossas indústrias, do centro para os arredores da cidade. Porque assim aplicareis, a diferença enorme do valor dos terrenos, em aquisição de aperfeiçoados maquinismos, que vos proporcionarão aumento considerável da renda e produção. E além de tudo, suprimireis com essa vossa criteriosa solução inúmeras circunstâncias imprevistas para o insucesso das indústrias: greve, má vontade dos operários, revoluções, motins, incêndios, etc.

A "Nova Manchester", a grande cidade do trabalho, com terrenos apropriadíssimos para indústrias, sita no próspero bairro de Belenzinho, o maior centro operário desta capital, vos garantirá todos os meios precisos para o êxito de vossas indústrias porque aí tereis terrenos magníficos para as vossas instalações e vilas operárias, por preço 20 vezes menor e ainda com o prazo de 5 anos sem juros.

INQUILINOS DESCONTENTES

Falando aos industriais não esquecemos de vós, que mereceis todo carinho e respeito e a quem dirigimos também algumas palavras de esperança e conforto.

A classe média, essa classe laboriosa e heróica, que sofre mas não se queixa, termina agora o seu nobre sacrifício. Ireis habitar no que é vosso, em prédio próprio, gozando o prazer da liberdade, pagando o vosso prédio em pequenas prestações mensais equivalente ao aluguel de cinco anos.

Não tereis mais as exigências de pagamentos adiantados, de aluguéis exagerados, gozareis a paz e tranqüilidade, elementos indispensáveis para a felicidade do vosso querido lar.

A vossa digna esposa, de geniosa e irascível, tornar-se-á amável, carinhosa e adorável! Desejamos melhorar completamente o vosso modo de vida e para isso depositamos num dos maiores bancos desta praça, a considerável soma de MIL CONTOS DE RÉIS destinada ao início das construções das vossas casas na "Nova Manchester".

Pela insignificante parcela de 200 a 250$000 mensais, tereis o vosso próprio, elegante e ajardinado *bungalow*.

A Casa Operária

A criação do Jardim América na segunda década do século e os inúmeros lançamentos de urbanizações nesse período tornaram-se um contraponto à outra realidade na nascente metrópole.

A guerra, o crescimento do proletariado, as primeiras greves operárias, a falta de habitação vêm marcar profundamente esse decênio. A imprensa registrava as angústias do momento. *O Estado de S. Paulo* publicava em 1919:

> Quem mora nos bairros aristocráticos da cidade e dos habitados pela classe proletária não conhece as ruas principais, está longe de fazer uma idéia do que são os cortiços que nestes se encontram e da maneira por que hoje vivem em S. Paulo os que nas fábricas e nas oficinas mourejam de manhã à tarde para ganhar o pão. O Brás, a Mooca, o Bom Retiro, a Lapa e outros mais têm aspectos surpreendentes, que são, para os visitantes curiosos, verdadeiras surpresas[68].

> Em São Paulo de há muito tempo que não há casas para alugar. Não se constrói mais. Os proprietários, que alguns anos antes estavam numa verdadeira febre de construção, empregando principalmente em casas para aluguel os seus capitais, com o encarecimento dos materiais e por outras razões, que nos escusamos de enumerar aqui, guardam agora cuidadosamente o seu dinheiro e, quando abrem as suas bolsas, é para empregá-lo em coisas mais rendosas. Como a população aumenta, o resultado é que se vai tornando mais difícil alugar-se uma casa e os proprietários se vão tornando cada vez mais exigentes[69].

68. *O Estado de S. Paulo*, São Paulo, 27 nov. 1919, edição vespertina.
69. *O Estado de S. Paulo*, São Paulo, 25 nov. 1919, edição vespertina.

75. *Voltolino*. O Estado de S. Paulo *(edição vespertina)*, *9 out. 1919.*

76. *Voltolino*. O Estado de S. Paulo *(edição vespertina)*, *19 out. 1920.*

77. *Voltolino*. O Estado de S. Paulo *(edição vespertina)*, *6 maio 1920.*

78. *Voltolino*. O Estado de S. Paulo *(edição vespertina)*, *17 ago. 1920.*

A PERIFERIA SAUDÁVEL E A PERIFERIA REMEDIADA

A configuração da crise da habitação era clara na imprensa da época. Uma estatística da administração municipal relacionando o número de licenças expedidas para construção de casas, abrangendo o período de 1907 a 1916 mostra o vigoroso ritmo de construção e o súbito declínio com a guerra. O ano de 1907 registrou 1 237 licenças, ascendendo esse número para 5 791 no ano de 1913, significando um aumento de mais de 400% na quantidade de requerimentos. No ano do início da guerra e seguintes, a curva descendente assinala em 1916 um índice inferior de licenças expedidas em 1907: 1 094 deferimentos[70].

A crise na construção no período criou condições para uma violenta especulação de arrendamento, visto que durante toda a Primeira República nada de concreto foi realizado para coibir este tipo de exploração. Somente durante o Estado Novo foi editada uma lei do inquilinato.

Essa situação vai-se tornando cada vez pior e agrava-se consideravelmente com o aumento fabuloso dos preços das casas de moradia. Famílias que até aqui alugavam casas a quarenta e cinco mil-réis por mês, vendo-se obrigadas a pagar quantia elevada ao dobro, justamente agora que os gêneros de primeira necessidade encarecem assustadoramente, não têm outro recurso senão procurar os cortiços ou repartir essa despesa, alugando casa em comum. Assim, casas onde mal se acomoda uma família, hoje abrigam duas, a às vezes mais, com grave prejuízo para a saúde dos seus habitantes e da população em geral. Tudo isso está a indicar a oportunidade, a urgência da lei de inquilinato, em que ora tanto e com tamanho interesse se fala[71].

[70]. Relatório de 1916 apresentado à Câmara Municipal de São Paulo pelo Prefeito Dr. Washington Luís. São Paulo, Vanorden, 1918.
[71]. *O Estado de S. Paulo*, 27 nov. 1919, edição vespertina.

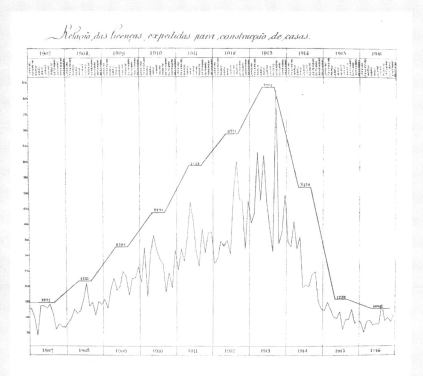

79. *Estatística municipal de 1918, do relatório do Prefeito Washington Luís*

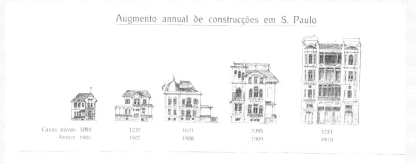

80. *Estatística na* Revista de Engenharia *de 1911.*

81. *Corredor de cortiço em clichê de* O Estado de S. Paulo *(edição vespertina), 27 nov. 1919.*

82. *Cortiço em clichê de* O Estado de S. Paulo *(edição vespertina), 25 nov. 1919.*

O Concurso de Casas Proletárias

Em meio a crise, a administração municipal de Washington Luís abre em agosto de 1916 uma "concorrência pública para apresentação de projetos de casas proletárias econômicas, destinadas à habitação de uma só família", segundo o edital. Conforme o mesmo, o programa da habitação era o seguinte:

> Sobre tipo de moradia, compreendendo dois compartimentos habitáveis, dos quais um servindo simultaneamente de cozinha, refeitório e permanência diurna, e dependências, destinadas a casal sem filhos.
> Deve a moradia projetada poder transformar-se facilmente por acréscimo, em outra de condições análogas, mas de três ou quatro compartimentos habitáveis, respectivamente, a casa com filhos de um sexo ou de sexos diferentes[72].

Os projetos deveriam satisfazer as quatro condições: "higiene – comodidade – estética – economia". Os concorrentes deveriam apresentar desenhos em nível do que atualmente chamamos de projeto executivo, satisfazendo as posturas municipais de 1900 e o ato de 1916, e deveria incluir um orçamento do qual se dispensava: o custo do terreno, os honorários do arquiteto e os emolumentos.

Os resultados foram divulgados em janeiro de 1917 pela imprensa, com a publicação do relatório da comissão julgadora, formada por Adolfo Augusto Pinto, Ramos de Azevedo e Victor da Silva Freire. Os 49 projetos apresentados, de 35 autores distintos, foram divididas pela comissão em grupo:

72. "Relatório de 1916...", *op. cit.*

1º – 2 projetos de edificações formando blocos de quatro moradias, contíguas entre si por duas faces normais;

2º – 14 projetos de edificações formando "série", contíguas umas a outras por faces paralelas;

3º – 20 projetos de edificações geminadas onde cada moradia oferece uma só parede em comum com uma das vizinhas;

4º – 13 projetos de edificações completamente isoladas.

Não houve premiados no 1º grupo. Os vencedores no 2º grupo foram Jourdan & Ponchon, ficando Alberto Sironi com o 2º prêmio; o projeto do arquiteto Dacio Aguiar de Moraes foi escolhido como o melhor no 3º grupo, dividindo o 2º lugar entre o arquiteto Guilherme Winter e Walter Brune; no 4º grupo, sagraram-se Victor Dubugras, Ludwig Doetsch e Hippolito Pujol Jr. com o 1º prêmio, *ex aequo*. Após a divulgação, a Diretoria Geral da Prefeitura colocou à disposição dos interessados os projetos selecionados e os orçamentos. Não há notícias se algum desses trabalhos foi executado.

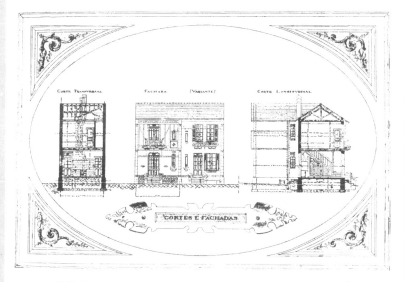

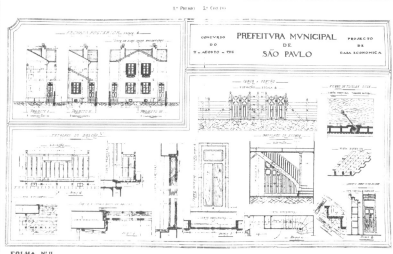

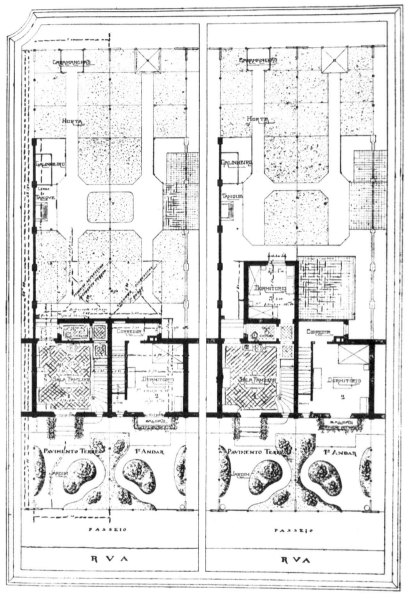

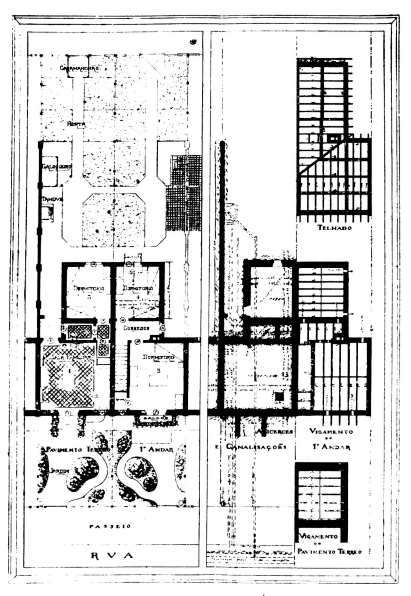

PROJECTO Nº III
CASA DE 4 COMPARTIMENTOS

DETALHES

2.º Premio — 2.º Grupo

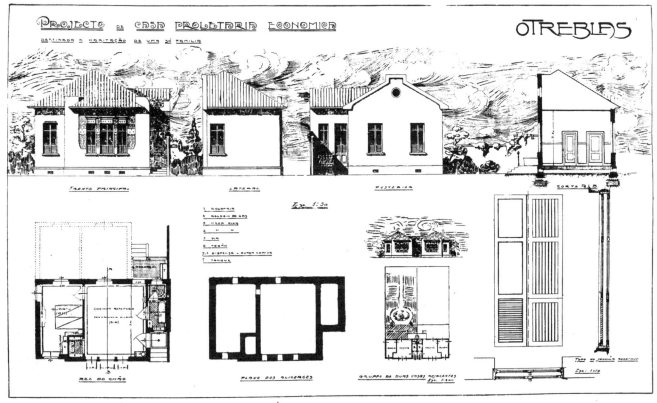

Alberto Sironi

1.º PREMIO — 3.º GRUPO

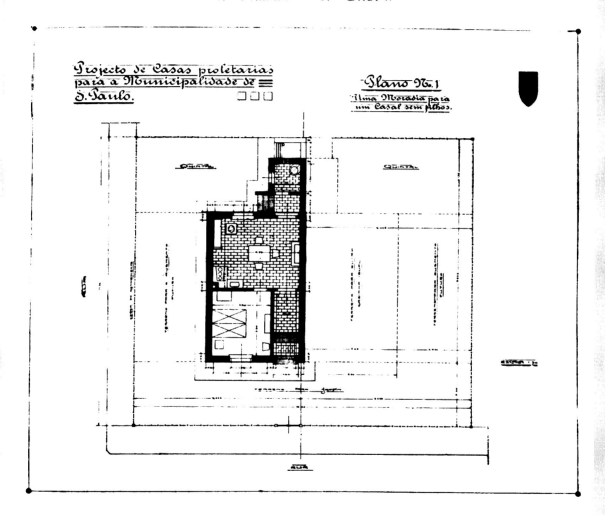

DACIO AGUIAR DE MORAES

1.º PREMIO — 3.º GRUPO

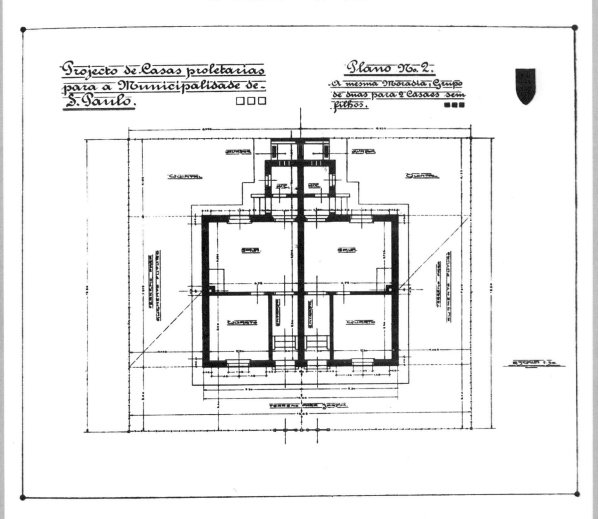

DACIO AGUIAR DE MORAES

1.º Premio -- 3.º Grupo

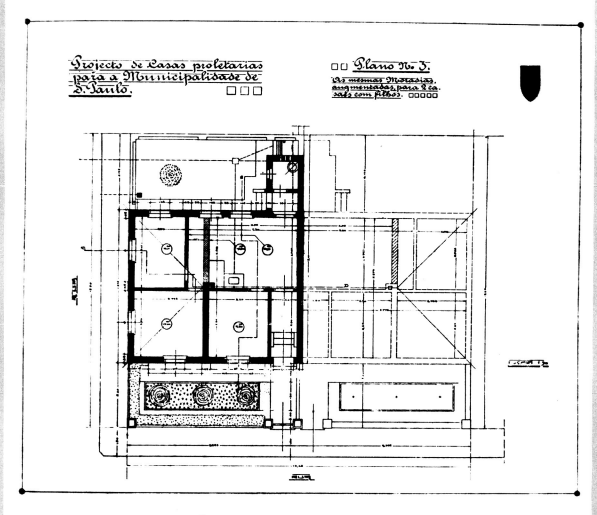

Dacio Aguiar de Moraes

1.º PREMIO — 3.º GRUPO

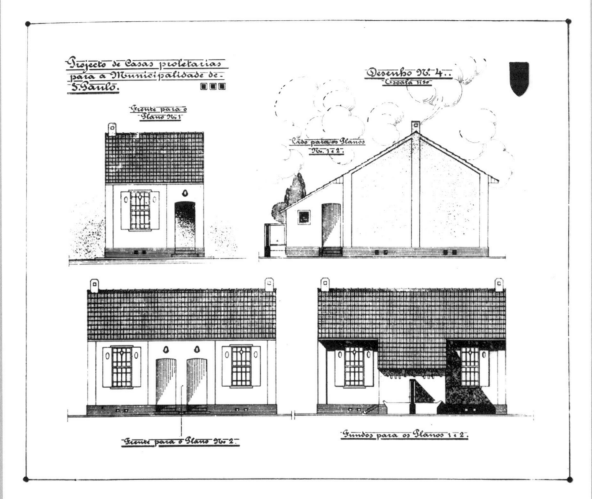

DACIO AGUIAR DE MORAES

1.º Premio — 3.º Grupo

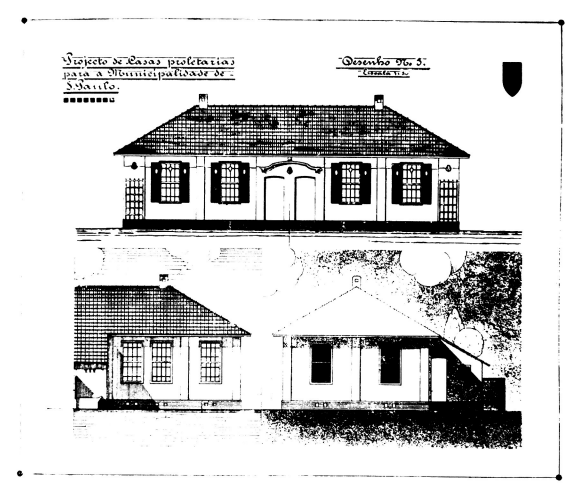

Dacio Aguiar de Moraes

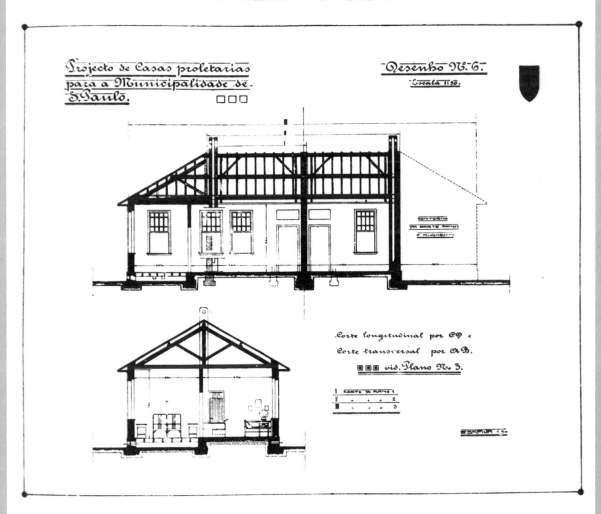

DACIO AGUIAR DE MORAES

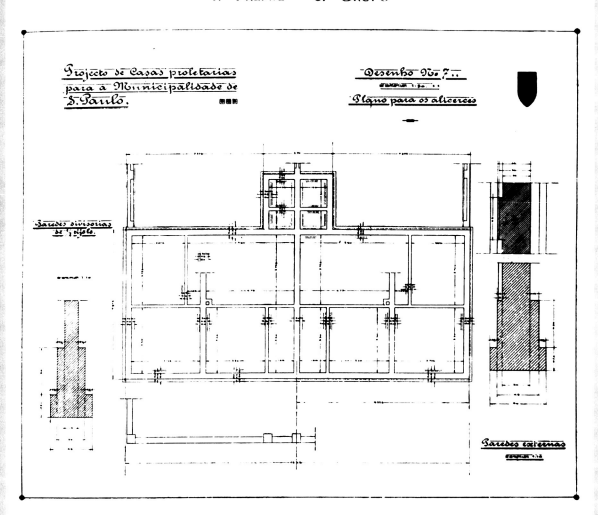

DACIO AGUIAR DE MORAES

1.º Premio — 3.º Grupo

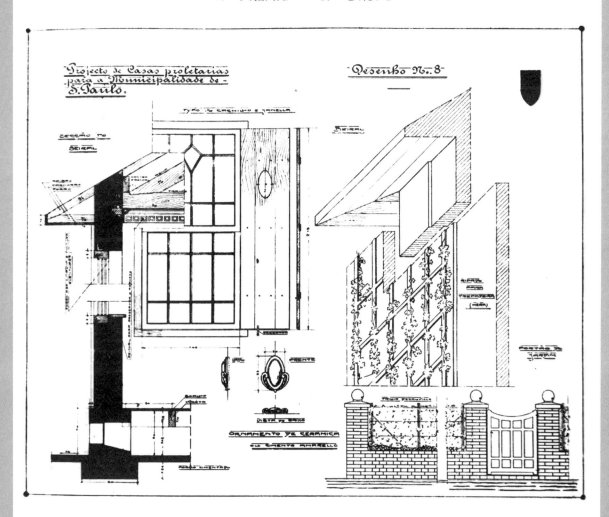

DACIO AGUIAR DE MORAES

1.º Premio   3.º Grupo

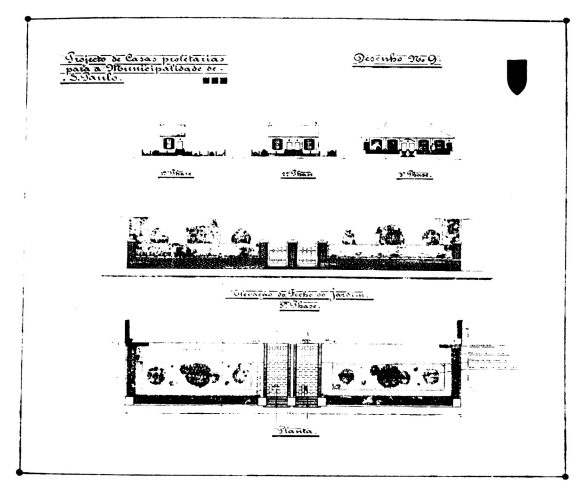

DACIO AGUIAR DE MORAES

2º Prêmio – 3º Grupo, Walter Brune

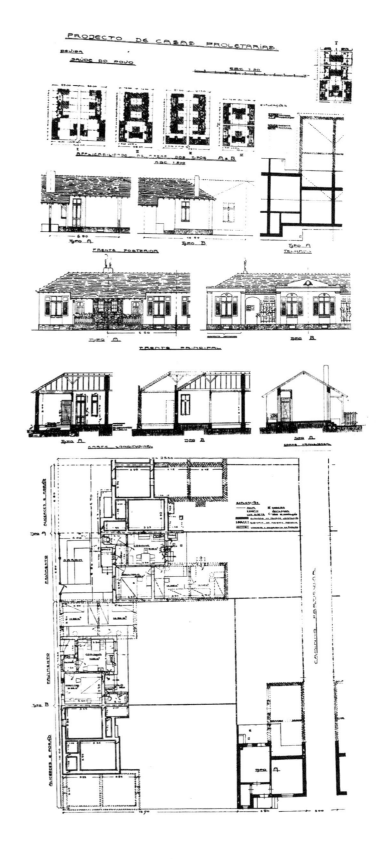

2.º Premio — 3.º Grupo

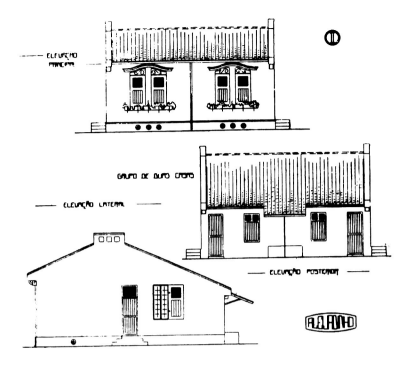

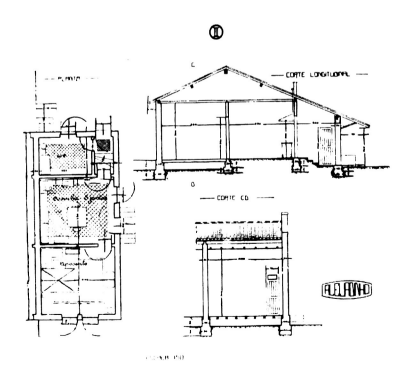

GUILHERME WINTER

2.º Premio — 3.º Grupo

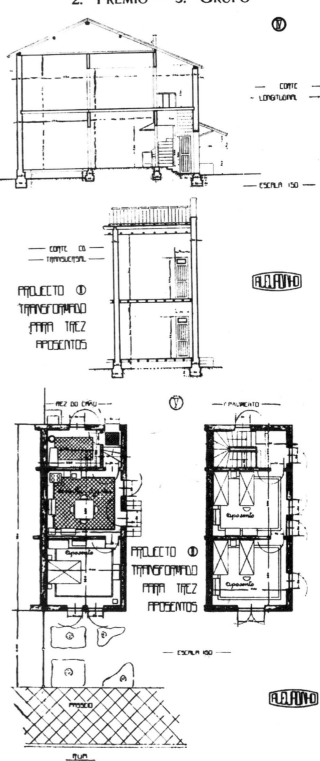

2.º Premio — 3.º Grupo

GUILHERME WINTER

GUILHERME WINTER

1.º PREMIO   4.º GRUPO

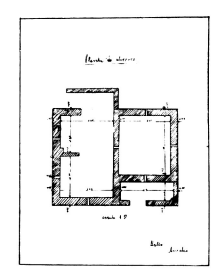
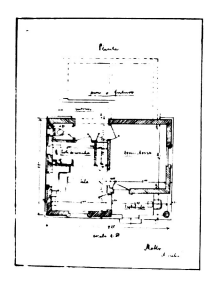
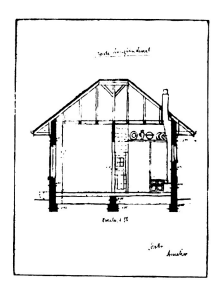

LUDSWIG DOETSCH

1.º Premio — 4.º Grupo

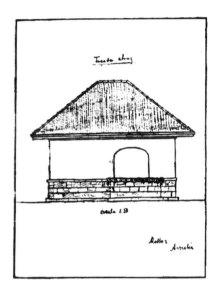
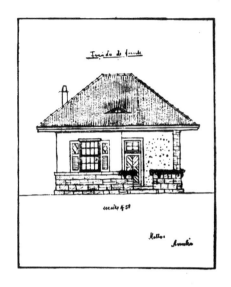

Ludswig Doetsch

1.º Premio — 4.º Grupo

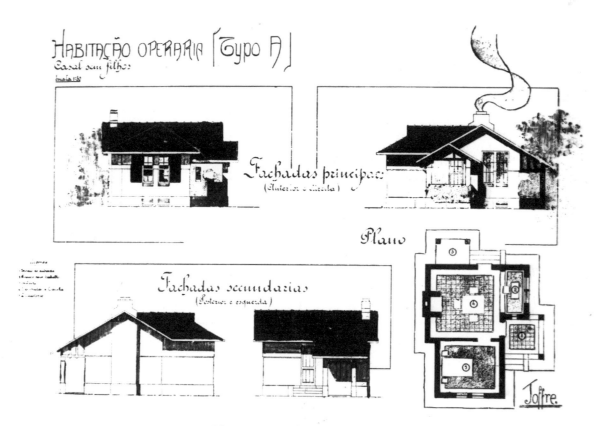

HYPPOLITO PUJOL JUNIOR

1.º Premio — 4.º Grupo

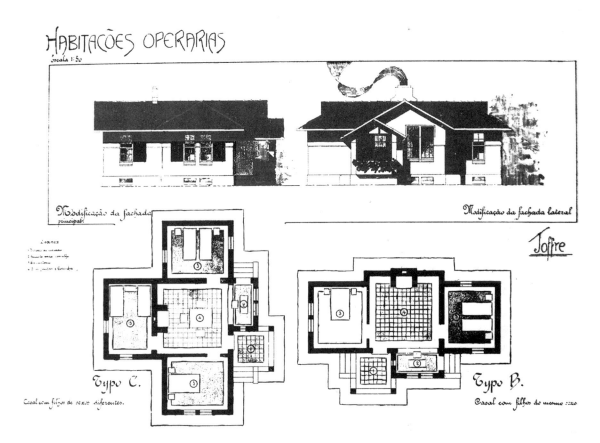

HYPPOLITO PUJOL JUNIOR

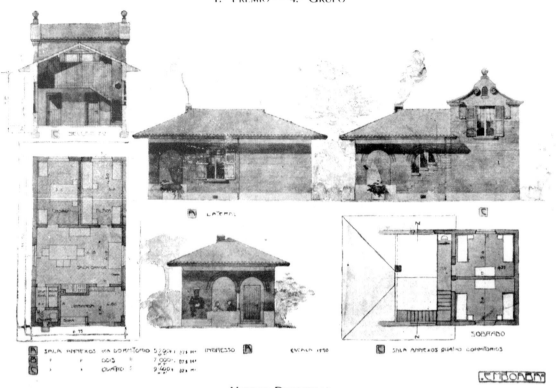

A PERIFERIA SAUDÁVEL E A PERIFERIA REMEDIADA

A quem se destinava o concurso e qual era o objeto em julgamento? Sabemos que à época, "o exercício de atividade do arquiteto estava aberto, independentemente de qualificações, normas e legislação específica. Cada um construía a seu modo, com os recursos limitações do momento. Por isso, poder-se-ia dizer, a Arquitetura não era profissão. Ela se confundia, inclusive, com a atividade popular"[73]. O próprio edital não definia o tipo de profissional habilitado para a concorrência, assim como "os honorários do arquiteto" não deveriam entrar no cálculo do custo. Podemos dizer que a Prefeitura instituíra o concurso com a finalidade de dispor de projetos para pronta execução, no espírito de "projetos padrões", em conformidade com as posturas legais – código sanitário, leis e atos municipais – preocupadas quanto ao aspecto higiênico da habitação. Sabidamente, construía-se mal à época, quer pela falta de orientação técnica adequada, quer pela ausência de uma legislação regulamentadora das atribuições e obrigações de um profissional do assunto, apesar da existência de duas escolas de engenharia em São Paulo – a Escola Politécnica e o curso do Mackenzie. A população pobre construía sua casa com os recursos possíveis, o que nunca lhe assegurou qualidade construtiva mínima que afastasse o perigo da insalubridade decorrente da má construção.

Comparando-se o detalhamento construtivo de um dos vencedores do concurso a um manual de construção da época[74], veremos que as soluções construtivas apresentadas eram as usuais segundo a boa técnica – obras para habitações simples ou para as elites. Ora, ricos ou pobres, as necessidades básicas de habitação das famí-

---

73. João Batista Vilanova Artigas, "Contribuição para o Relatório sobre Ensino de Arquitetura UIA–Unesco", 1974. In: *Sobre a História do Ensino de Arquitetura no Brasil*, São Paulo, ABEA, 1977, p. 31.
74. Edmundo Krug, *Como se Orça uma Construção*, São Paulo, Rudge Bastos, 1928. Apesar de editado em 1928, esse manual demonstra que a boa e convencional prática construtiva pouco se alterou desde 1916. O concreto armado, a grande inovação então em introdução no Brasil, era considerado "matéria de especialista e de muita responsabilidade", segundo o arquiteto-autor.

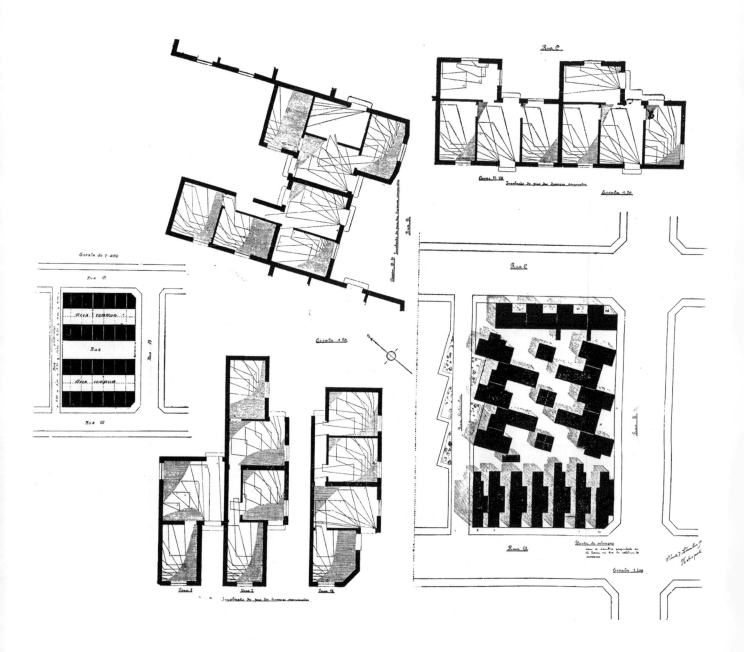

Proposta não aproveitada no Concurso de Habitações Operárias, apresentadas por Alexandre de Albuquerque com o pseudônimo "Heliópolis". Diferentemente das premiadas, o projeto de Albuquerque pressupunha uma implantação urbana e uma ordenação derivada de um acurado estudo de insolação. Victor da Silva Freire teceu um elogio ao cuidado à questão das salubridade, com "rendimento máximo" de aproveitamento do terreno, dimensionado em 40 x 60 metros. Freire reproduziu parte do memorial da proposta de Albuquerque:

"Outro problema será o do emprego de casas térreas ou de dois, ou mais, pavimentos. Ainda aqui a insolação será o guia que fará a escolha de um ou outro sistema.

"Na rua A adotamos casas isoladas de pavimento único, separadas no ponto mais estreito apenas metro e meio e, conforme se vê, a insolação interior dos cômodos é perfeita. Se os prédios fossem de dois andares já a sombra projetada prejudicaria de tal modo aquela insolação que a separação de metro e meio seria insuficiente. Estaria agora em jogo o seguinte problema econômico: será conveniente aumentar a frente dos lotes para adaptá-los a casas de dois pavimentos...?

"Imaginamos na rua A, esquina da Rua Particular um prédio de dois pavimentos porque a sua sombra só poderia diminuir a insolação de lei da rua Particular; geminado a ele projetamos uma casa térrea porque a sua sombra não elimina a insolação da sala do sobrado. Se adotássemos uma série de casas de dois pavimentos, idênticas, todas justapostas, o dormitório térreo e os dormitórios do andar alto estariam ainda em boas condições, porém a sala de jantar não seria insolada durante um espaço de tempo relativamente longo".

lias são essencialmente as mesmas. Nos anos 1910, as técnicas construtivas não eram socialmente tão seletivas: burgueses ou remediados, todos moravam em casas de tijolo, cerâmica e madeira, sem as distinções que hoje identificam a construção no bairro de luxo da autoconstrução de periferia. Visto que dificilmente uma família operária percebia rendimento digno pelo seu trabalho, mais aviltado naqueles anos de crise e guerra pela acelerada elevação do custo de vida, e não existindo eventuais soluções construtivas alternativas, a diminuição do custo de uma edificação limitava-se apenas ao maior ou menor número de cômodos e o seu dimensionamento, mormente reduções que contribuíam ainda mais para a promiscuidade de seus ocupantes, a confirmar a associação que se fazia entre habitação operária e cortiço.

Esta minimização espacial tem suas origens em posturas legais, relacionando-se a uma classificação "oficial" que se atribuiu a essas habitações populares. O termo "casas operárias" participava do corpo de definições do código de obras da cidade de São Paulo até os anos 1960, enquanto vigoravam as atualizações do Código de Obras Arthur Saboya, de 1929. Nele, definia-se "casa operária" como a edificação "que contiver, no máximo, três peças, entre aposentos e salas, além da cozinha e privada"[75]. Enquadrava-se na categoria de habitações populares, caracterizada como "toda aquela que dispõe, no mínimo, de um aposento, de uma cozinha e de compartimento para latrina e banheiro e, no máximo, de duas salas, três aposentos, cozinha, copa, despensa e de compartimento para latrina e banheiro, sem contar a garagem e quarto de criada", em oposição à "habi-

[75]. Código de Obras "Arthur Saboya", Consolidação aprovada pelo Ato n. 663, de 10 de agosto de 1934, São Paulo, Escolas Profissionaes Salesianas, 1935, artigo 58.

A PERIFERIA SAUDÁVEL E A PERIFERIA REMEDIADA

tação residencial", definida como "toda aquela que, dispondo de qualquer número de peças, as dimensões destas exceda aos limites máximos impostos para os das habitações 'populares'"[76]. A caracterização de um tipo "operário" para habitação devia-se, na óptica do código, à dispensa de "alvará de construção" na zona rural, obrigatório a quaisquer construções novas na zona urbana de São Paulo, além da isenção de taxas municipais.

Esta configuração do Código Saboya é reminiscência da lei 498 de 1900, que "estabelece prescrições para construção de casas de habitação operária". Nessa norma, determinava-se o mínimo de três compartimentos, incluindo-se a cozinha, e rezava expressamente que tais construções eram somente admitidas *fora do perímetro* marcado na lei. Uma periferização compulsória, cuja segregação espacial já se fazia presente no Código Sanitário do Estado de São Paulo de 1894 ("as vilas operárias deverão ser estabelecidas fora da aglomeração urbana"[77]), e bem antes, no Padrão Municipal de 11 de agosto de 1886, dedicava-se em um mesmo capítulo prescrições comuns a "cortiços, casas de operários e cubículos", todos "proibidos no perímetro do Comércio".

Estas constatações vêm esclarecer um ponto que nos parece bastante significativo ante as condições apresentadas no edital do concurso. Ostensivamente, ignorava-se o custo do terreno, abstraía-se o sítio de implantação das casas, numa época em que o esquema de implantação de construções consagrava o lote e as unidades unifamiliares independentes. É fácil verificar-se que as habitações projetadas para o concurso não poderiam ser construídas no perí-

76. Código de Obras "Arthur Saboya", *op. cit.*, artigo 2º – 4.
77. "São Paulo, Decreto nº 233, de 2 de março de 1894. Estabelece o Código Sanitário", *Collecção das Leis e Decretos do Estado de S. Paulo de 1894*, São Paulo, Typographia do Diario Official, 1894, tomo 4.

metro "nobre", visto que a obediência à postura municipal de 1900 era condição obrigatória à concorrência. Esta sempre presente segregação espacial mereceu em 1920 o comentário do acadêmico Medeiros e Albuquerque:

> Uma idéia muito extravagante, que aparece sempre que se trata da crise de habitações, é a de fazer bairros operários, bairros militares, bairros proletários, bairros para empregados públicos...
> Há um erro social formidável. Criar, por exemplo, um bairro operário, segregando os operários do resto da cidade, e reunindo-os à parte, em um ponto, é criar um meio de cultura de idéias revolucionárias, um centro perigoso de agitações.
> Os que projetam essa criação, o fazem por um certo instinto aristocrático, não querendo que os operários vão manchar os bairros "chics", as ruas fidalgas. Preparam, porém, assim, com esses preconceitos estúpidos, a sua própria perda, estabelecendo centros de agitação revolucionária.
> Aliás, essa idéia de dispor nas cidades as diversas classes em quarteirões e ruas à parte é uma sobrevivência da Idade Média. Dessa sobrevivência nós – que não conhecemos aquele período histórico – temos ainda um vestígio na rua dos Ourives, como o já tivemos na rua dos Latoeiros e talvez outras, que os curiosos podem perguntar ao Sr. Noronha Santos[78].

Este pensamento não era totalmente compartilhado, por exemplo, por Delmiro Gouveia ou pelo empresário carioca Jorge Street, na sua Vila Maria Zélia em São Paulo, ao condicionar a criação de conjuntos de habitação operária em seu complexo industrial acompanhados de benfeitorias: hospital, escola, igreja etc. Esta não foi a visão requerida pelo concurso, preocupado em ditar normas para se

78. *O Estado de S. Paulo*, São Paulo, 4 jun. 1920, edição vespertina. Medeiros e Albuquerque era um simpatizante da causa do trabalhador, como podemos auferir em Evaristo Moraes Filho, "O Movimento Social na Primeira Década do Século", *Brasil 1900-1910*, Rio de Janeiro, Biblioteca Nacional, 1980, p. 32.

A PERIFERIA SAUDÁVEL E A PERIFERIA REMEDIADA

projetar unidades habitacionais indiferentes ao ambiente urbano, alguns possuindo o requinte da lareira na sala e depósito de lenha, caramanchão, horta e galinheiro no grande quintal ao fundo do lote imaginário, numa recriação sintética do auto-suficiente universo rural com o mundo urbano, consagrada pelas elites, cultivadores desses hábitos em suas grandes propriedades na Avenida Paulista ou em Higienópolis.

A implantação aleatória e sempre periférica das habitações operárias tinha o aval de uma legislação incentivadora de inversões em habitação popular, mormente vilas operárias construídas com incentivos fiscais favoráveis apenas aos capitalistas[79] – essa mesma legislação que insistia na ilusão de eliminar "cabeças-de-porco" por decreto, proibindo a existência de cortiços, pacientemente, desde o Padrão Municipal de 1886.

Alguns dos arquitetos premiados tornaram-se mais tarde personalidades reconhecidas: Victor Dubugras e seu pioneirismo na estação ferroviária de Mairinque, suas obras *art nouveau* e sua participação no movimento neocolonial; Hippolito Gustavo Pujol Jr. e suas pesquisas e realizações em concreto armado e suas grandes obras; Dácio Aguiar de Moraes, grande construtor em São Paulo e Guilherme Winter, como político e secretário de Estado.

Talvez esses profissionais tivessem boas intenções ao tentarem proporcionar construções dignas com a melhor técnica construtiva do momento, mas irreais frente às limitadas condições impostas à população humilde. Tais projetos só poderiam ser adotados à base de grandes investimentos em habitação. Proporcionar habitações

79. Ver análises mais minuciosas nos trabalhos de Carlos A. C. Lemos, *Uma Vila Operária Paulistana*, e de Vera Maria de Barros Ferraz, *Vila Economizadora: Projeto de Restauração e Revitalização*, Arquivo do Condephaat.

adequadas a essa população ainda é um problema que não depende apenas de uma solução puramente material. A habitação jamais foi um problema que pudesse ser resolvido com uma porção de casas bem construídas. E mesmo que chegássemos a esse ponto, não poderíamos incorrer nos vícios urbanísticos intencionalmente preservados nos códigos de obras. Afinal, como dizia o professor Artigas, "uma casa não acaba na soleira da porta".

Posfácio

Em sua origem, *Prelúdio da Metrópole* foi uma pesquisa que conheceu uma versão sistematizada em 1979 sob o título *Alguns Aspectos da Arquitetura e do Urbanismo em São Paulo na Passagem do Século*. Existe um único exemplar deste trabalho para consulta na Biblioteca da Faculdade de Arquitetura e Urbanismo da Universidade de São Paulo.

Pode parecer uma ousadia publicá-la em forma de livro, com poucas modificações, mais de vinte anos de sua aparição. O tempo é um extraordinário algoz das realizações da imaturidade e, na maioria das vezes – como freqüentemente se evoca na vida de pesquisadores, intelectuais e artistas –, o passado é território da renegação.

As várias partes de *Alguns Aspectos da Arquitetura e do Urbanismo...* tiveram uma repercussão inusitada, apesar da modéstia de sua elaboração e finalidade. Primeiro, na própria FAU-USP, sendo citada por professores da casa, como Carlos A. C. Lemos[1], Benedito Lima de Toledo[2] e Nestor Goulart Reis Filho[3]. Teses de doutoramento de José Geraldo Simões Jr.[4], Maria Cecília Naclério Homem[5], Sílvia Wolff[6] e Carlos Roberto Monteiro de Andrade[7] também se valeram de informação da pesquisa. Para além do âmbito da FAU, o trabalho foi citado em dois mestrados do IFICH/Unicamp, de Maria Auxiliadora Guzzo de Decca[8] e Marisa Varanda T. Carpintéro[9], e um doutorado em História na PUC de Porto Alegre, de Nara Helena B. Machado[10]. A historiadora de arte argentina Sonia Berjman contou com alguns dados nossos para sua tese em Sorbonne[11].

Surpreendeu-me uma apreciação de Maria Stella Brescianni, historiadora da Unicamp, numa avaliação sobre a história e a historiografia das cidades, publicado em 1998: "Voltando ao recorte de nosso ensaio na cidade de São Paulo, o quadro muda. Os planos de reformas da capital paulista em 1911 não mereceram ainda um estudo de longo fôlego, sendo a referência freqüente o ensaio de Hugo Segawa apresentado como trabalho final ao Curso de Arquitetura e Urbanismo"[12]. Isto motivou a pensar na publicação do trabalho.

É bastante lisonjeiro verificar o alcance de uma pesquisa pelas citações e, sobretudo, pela qualidade dos pesquisadores, e a regularidade de ocorrências ao longo de quase duas décadas. Todavia, é constrangedor constatar também o uso dos resultados de uma investigação sem os devidos créditos do pesquisador que a realizou. Isto também motivou a publicação.

Levanta-se de imediato uma questão: por que publicar um trabalho antigo sem reelaborá-lo? Efetivamente, a versão de 1979 mereceu algumas modificações. Partes, reescritas e publicadas posteriormente, integram a presente edição[13]. No mais, erros mais evidentes foram saneados e a nova versão recupera imagens e dados que foram levantados na época, mas não aproveitados no relato de duas décadas atrás. O espírito deste livro está mais para uma "2ª edição revisada", que resguarda o caráter do trabalho inicial, no que cativou os pesquisadores que nela encontraram um manancial de informações. E que segue, todavia, em parte inexplorado, potencialmente apontando para outros enfoques sobre a história da cidade de São Paulo. Não obstante decorridos vinte anos, e vários esforços que enriqueceram sobremaneira o conhecimento de inúmeros aspectos trazidos à luz pela pesquisa, o trabalho ainda tem vigência.

Ademais, a fidelidade possível à versão original guarda um outro significado: um registro historiográfico dos anos 1970. *Alguns Aspectos da Arquitetura e do Urbanismo em São Paulo na Passagem do Século* refletia temáticas ou abordagens em franco desenvolvimento naquele instante: história das cidades, habitação popular, centro e periferia, imagem e história – e outra em plena emergência: o ecletismo na arquitetura. Navegava na contracorrente de uma certa hegemonia metodológica entre os arquitetos na ocasião, privilegiando o viés sociológico e econômico no trato da questão urbana.

Alguns trabalhos da década de 1970 se tornaram referenciais (embora nem sempre reconhecidas como tal), e caracterizam o contexto da feitura da pesquisa. A tese que se tornou o livro *Cozinhas, etc.*, de Carlos A. C. Lemos[14], sugeria de forma instigadora o estudo de plantas de aprovação na Prefeitura (em especial, as casas operárias), depositadas no Arquivo Histórico Municipal Washington Luís, bem como revelava a existência da *Revista de Engenharia* dos anos 1911-

1912. A tese de Dácio Araújo Ottoni, que se saiba, foi a primeira a estudar as várias propostas para São Paulo nos anos 1910-1911[15]. Foi um artigo de Benedito Lima de Toledo publicado na revista *CJ Arquitetura* em 1978, mais tarde desenvolvido como um livro tido como modelar, *São Paulo: Três Cidades em um Século*[16], que melhor explorou o uso de fotografias e desenhos no estudo da história das cidades numa cuidadosa edição gráfica, valorizando a iconografia como instrumento de análise. Por outro lado, minha iniciação científica pelas mãos da Professora Aracy Amaral através da História da Arte também foi fundamental para perceber as múltiplas possibilidades analíticas do documento iconográfico.

Alguns Aspectos da Arquitetura e do Urbanismo... resultou de meu engajamento em pesquisa em história da arte e arquitetura quando ainda estudante, quer por iniciativa própria, quer auxiliando professores. Em especial, Aracy Amaral, Ana Maria Belluzzo (na ocasião, desenvolvendo seu mestrado sobre Voltolino[17]), Benedito Lima de Toledo e Carlos A. C. Lemos. A estes professores, cuja convivência foi essencial para minha formação, devo associar Julio Abe Wakahara e seus ensinamentos de fotografia, inestimáveis para este e para muitos outros trabalhos que desenvolvi posteriormente. A atenta percepção do colega e amigo Alexandre Luiz Rocha também foi fundamental, e sem o qual a considerável parte desta pesquisa não alcançaria a dimensão pretendida. Maria Isabel de Campos Duprat foi importante interlocutora. Jornalista Hélio Damante e Historiador Célio Debes devem ser lembrados também pelas informações sobre Adolfo Augusto Pinto.

POSFÁCIO

Vinte anos depois, *Prelúdio da Metrópole* também é uma reminiscência pessoal, e uma oportunidade de reconhecer a importância de pessoas em nossa trajetória. Mesmo que essa trajetória tenha rumado para lugares distintos. Mas o afastamento não provoca o desvanecimento da memória.

HUGO SEGAWA
São Paulo, fevereiro de 2000

Notas

1. Carlos A. C. Lemos, *Alvenaria Burguesa*, São Paulo, Nobel, 1985; *Ramos de Azevedo e Seu Escritório*, São Paulo, Pini, 1993.
2. Benedito Lima de Toledo, *Victor Dubugras e as Atitudes de Inovação em Seu Tempo*, Tese (Livre-docência em Arquitetura), Faculdade de Arquitetura e Urbanismo, Universidade de São Paulo, 1985; *Anhangabahú*, São Paulo, Federação das Indústrias do Estado de São Paulo, 1989.
3. Nestor Goulart Reis Filho, "Algumas Experiências Urbanísticas do Início da República: 1890-1920", *Cadernos de Pesquisa do LAP*, São Paulo, n. 1, jul.-ago. 1994; *São Paulo e Outras Cidades: Produção Social e Degradação dos Espaços Urbanos*, São Paulo, Hucitec, 1994; *Racionalismo e Proto-modernismo na Obra de Victor Dubugras*, São Paulo, Fundação Bienal de São Paulo, 1997.
4. José Geraldo Simões Júnior, *Anhangabaú – História e Urbanismo*, Tese (Doutorado em Estruturas Ambientais Urbanas), Faculdade de Arquitetura e Urbanismo da Universidade de São Paulo, 1995; ademais, este pesquisador apresentou dissertação de mestrado também citando nossas fontes: José Geraldo Simões Júnior, *O Setor de Obras Públicas e as Origens do Urbanismo na Cidade de São Paulo*, Dissertação (Mestrado em Administração Pública e Planejamento Urbano), Escola de Administração de Empresas de São Paulo/Fundação Getúlio Vargas, 1990.
5. Maria Cecília Naclério Homem, *O Palacete Paulistano e Outras Formas Urbanas de Morar da Elite Cafeeira*, São Paulo, Martins Fontes, 1996.
6. Sílvia Ferreira Santos Wolff, *Jardim América: O Primeiro Bairro-jardim de São Paulo e Sua Arquitetura*, São Paulo, Editora da Universidade de São Paulo, Fapesp, Imprensa Oficial do Estado, 2001.

7. Carlos Roberto Monteiro de Andrade, *Barry Parker: Um Arquiteto Inglês na Cidade de São Paulo*, Tese (Doutorado em Arquitetura e Urbanismo), Faculdade de Arquitetura e Urbanismo, Universidade de São Paulo, 1998.
8. Maria Auxiliadora Guzzo de Decca, *A Vida Fora das Fábricas: Cotidiano Operário em São Paulo 1920-1934*, São Paulo, Paz e Terra, 1987.
9. Marisa Varanda T. Carpintéro, *A Construção de um Sonho: Os Engenheiros-arquitetos e a Formulação da Política Habitacional no Brasil*, São Paulo, Unicamp, 1997.
10. Nara Helena Baumann Machado, *Modernidade, Arquitetura e Urbanismo: O Centro de Porto Alegre (1928-1945)*, Tese (Doutorado em História), Instituto de Filosofia e Ciências Humanas, Pontifícia Universidade Católica do Rio Grande do Sul, 1998.
11. Sonia Berjman, *L'oeuvre des architectes-paysagistes français à Buenos Aires: l'espace vert public entre 1860 et 1930*, Tese (Doutorado), Université de Paris I Panthéon Sorbonne UFR 03 Histoire de l'Art, Paris, 1996, publicado como Sonia Berjman, *Plazas y Parques de Buenos Aires: La Obra de los Paisajistas Franceses 1860-1930*, Buenos Aires, Fondo de Cultura Económica, 1998. Esta autora ainda nos cita em: Raquel García Ortúzar & Sonia Berjman, *Reflexiones sobre Joseph Bouvard y el Paisage de Rosario en 1910*, Rosario (Argentina), Editorial de la Universidad Nacional de Rosario, [1997].
12. Maria Stella Brescianni, "História e Historiografia das Cidades: Um Percurso", em Marcos Cezar de Freitas (org.), *Historiografia Brasileira em Perspectiva*, São Paulo, Contexto/Universidade São Francisco, 1998, p. 253.
13. Hugo Segawa, "Anos 10: Um Concurso de Habitação Operária", *Módulo*, Rio de Janeiro, n. 64, maio-jun. 1981, pp. 12-17; "Exclusivo: Os Primeiros Estudos sobre o Vale do Anhangabaú", *Projeto*, São Paulo, n. 28, mar.-abr. 1981, pp. 14-17; "1911: Bouvard em São Paulo", *Dana – Documentos de Arquitectura Nacional y Americana*, Buenos Aires, n. 27-38, 1995, pp. 31-35; as propostas de 1911 para a remodelação da cidade e o tópico sobre os bairros-jardins foram retomados em "Cidades: do Semeador ao Jardineiro (Passando pelo Médico)", em *Construção de Ordens: Um Aspecto da Arquitetura no Brasil 1808-1930*, Dissertação (Mestrado em Arquitetura e Urbanismo), Faculdade de Arquitetura e Urbanismo, Universidade de São Paulo, 1987, pp. 33-77, mas não aproveitados na presente publicação.
14. Carlos A. C. Lemos, *Cozinhas, etc. Um Estudo sobre as Zonas de Serviço da Casa Paulista*, São Paulo, Perspectiva, 1976.
15. Dácio Araújo Benedicto Ottoni, *São Paulo Rio de Janeiro Séculos XIX-XX. Aspectos da Formação de Seus Espaços Centrais*, Tese (Doutorado em Arquitetura e Urbanismo), Faculdade de Arquitetura e Urbanismo, Universidade de São Paulo, 1972.
16. Benedito Lima de Toledo, *São Paulo: Três Cidades em um Século*, São Paulo, Duas Cidades, 1983.

17. Ana Maria de Moraes Belluzzo, *Voltolino e as Raízes do Modernismo*, Dissertação (Mestrado em Artes), Escola de Comunicações e Artes, Universidade de São Paulo, 1980. Publicada como livro: *Voltolino e as Raízes do Modernismo*, São Paulo, Marco Zero/MCT/CNPq/Secretaria de Estado da Cultura, 1992.

Bibliografia

ALBUQUERQUE, Alexandre de. *As Novas Avenidas de São Paulo*. São Paulo, Casa Vanorden, 1910.

———. "As Grandes Avenidas e os Melhoramentos". *Revista de Engenharia*, São Paulo, v. 1, n. 2, p. 44-45, 10 jul. 1911.

AMARAL, Aracy. *Artes Plásticas na Semana de 22: Subsídios para uma História das Artes no Brasil*. 2. ed. São Paulo: Perspectiva/Edusp,1972.

ARTIGAS, João Batista Vilanova. "Contribuição para o Relatório sobre Ensino de Arquitetura UIA – UNESCO 1974". *Sobre a História do Ensino de Arquitetura no Brasil*. São Paulo, Associação Brasileira de Escolas de Arquitetura, 1977, pp. 31-39.

BACELLI, Roney. *Jardim América*. São Paulo, Secretaria Municipal de Cultura, 1982.

BENEVOLO, Leonardo. *Historia de la Arquitectura Moderna*. 2. ed. Barcelona, Gustavo Gili, 1974.

BRUNO, Ernani da Silva. *História e Tradições da Cidade de São Paulo*. 2. ed. Rio de Janeiro, José Olympio, 1954, 3 vols.

AZEVEDO, Aroldo de *et al*. *A Cidade de São Paulo, Estudos de Geografia Urbana*. São Paulo, Nacional, 1958, 4 vols.

CARONE, Edgard. *A Primeira República (1889-1930)*. 3. ed. São Paulo, Difel, 1976.

DEAN, Warren. *A Industrialização de São Paulo (1880-1945)*. 2. ed. São Paulo, Difel, s.d.

DUPRAT, Maria Isabel de Campos. *Paisagem Natural: Sua Apropriação e Percepção no Processo de Evolução Urbana*. São Paulo, 1978, Trabalho de Graduação – Faculdade de Arquitetura – Universidade Mackenzie.

FREIRE, Victor da Silva. "Melhoramentos de S. Paulo". *Revista Polytechnica*, São Paulo, v. 6, n. 33, pp. 91-145, fev.-mar. 1911.

———. "A Cidade Salubre". *Revista Polytechnica*, São Paulo, v. 8, n. 48, pp. 319-354, out.-nov. 1914.

———. "Codigos Sanitarios e Posturas Municipaes sobre Habitações (Alturas e Espaços). Um Capítulo de Urbanismo e de Economia Nacional". *Boletim do Instituto de Engenharia*, São Paulo, vol. 1, n. 3, pp. 230-426, fev. 1918.

HAWKES, Dean. "The Architectural Partnership of Barry Parker & Raymond Unwin". *The Architectural Review*, London, v. 163, n. 976, pp. 327-334, jun. 1978.

KRUG, Edmundo. *Como se Orça uma Construção*. São Paulo, Rudge Bastos, 1928.

LANGENBUCH, Juergen Richard. *A Estruturação da Grande São Paulo: Estudos de Geografia Urbana*. Rio de Janeiro, Instituto Brasileiro de Geografia, Departamento de Documentação e Divulgação Geográfica e Cartográfica, 1971.

LEIS e Resoluções da Câmara Municipal da Capital do Estado de São Paulo de 29 de Setembro de 1892 a 30 de Dezembro de 1893. São Paulo, Casa Vanorden, 1914.

LEIS, Resoluções e Actos da Câmara Municipal da Capital do Estado de São Paulo de 1894 a 1895. São Paulo, Casa Vanorden, 1915.

LEIS, Resoluções, Actos e Actas da Câmara Municipal da Capital do Estado de São Paulo de 1896. São Paulo, Casa Vanorden, 1916.

LEIS, Resoluções, Actos e Actos da Câmara Municipal da Capital do Estado de São Paulo de 1897 a 1899. São Paulo, Casa Vanorden, 1916.

LEMOS, Carlos A. C. *Cozinhas, etc.* São Paulo, Perspectiva, 1976.

———. "A Preservação da Fisionomia Paulistana". *Módulo*, Rio de Janeiro, n. 42, pp. 30-33, mar.-abr.-maio 1976.

LEVI, Darrel E. *A Família Prado*. São Paulo, Cultura 70, 1977.

MARTIN, Jules. *História do Viaducto do Chá em São Paulo*. São Paulo, s.c.p., 1903.

"OS MELHORAMENTOS de S. Paulo". *Revista de Engenharia*, São Paulo, v. 1, n. 2, pp. 37-43, 10 jul. 1911.

"MELHORAMENTOS de S. Paulo: A Primeira Secção do Plano Bouvard". *Revista de Engenharia*, São Paulo, v. 1, n. 4, pp. 97-103, 10 set. 1911.

MELHORAMENTOS do Centro da Cidade de S. Paulo. Projeto Apresentado pela Prefeitura Municipal. São Paulo, Brazil de Rothschild & Cia., 1911.

MORSE, Richard M. *Formação Histórica de São Paulo (De Comunidade à Metrópole)*. São Paulo, Difel, 1970.

PASSAGLIA, Luís Alberto do Prado. "Subsídios para a Interpretação do Significado do Instituto de Educação Caetano de Campos". *Revista do Arquivo Municipal*, São Paulo, n. 188, pp. 11-49, 1976.

MARTINS, Antônio Egídio. *São Paulo Antigo (1554 a 1910)*. 2. ed. São Paulo, Conselho Estadual de Cultura, 1973.

PEPPER, Simon. "Introduction: The Garden. City Legacy". *The Architectural Review*, London, v. 163, n. 976, pp. 321-324, jun. 1978.

"1º CENTENÁRIO do Conselheiro Antônio da Silva Prado". *Revista dos Tribunais*, São Paulo, 1946.

PINTO, Adolfo Augusto. *Minha Vida (Memórias de um Engenheiro Paulista)*. São Paulo, Conselho Estadual de Cultura, 1970.

———. *A Transformação e o Embelezamento de S. Paulo*. São Paulo, Cardozo Filho & C., 1912.

RELATÓRIO de 1904 Apresentado à Câmara Municipal de São Paulo pelo Prefeito Dr. Antônio da Silva Prado. São Paulo, Vanorden & Co., 1905.

RELATÓRIO de 1911 Apresentado á Câmara Municipal de São Paulo pelo Prefeito Raymundo Duprat. São Paulo, Casa Vanorden, 1912.

RELATÓRIO de 1916 Apresentado a Camara Municipal de S. Paulo pelo Prefeito Washington Luís Pereira de Souza. São Paulo, Vanorden, 1918.

SAIA, Luís. *Morada Paulista.* São Paulo, Perspectiva, 1972.

SANT'ANNA JUNIOR, Antônio Carlos. *Jardim América: Subsídios para o Estudo dos Padrões Urbanísticos em São Paulo.* São Paulo, s.c.p., 1975.

SÃO PAULO Antigo: Plantas da Cidade. São Paulo, Comissão do IV Centenário da Cidade, 1954.

SÃO PAULO, Univesidade de. *Vila Penteado.* São Paulo, Universidade de São Paulo, Faculdade de Arquitetura e Urbanismo, 1976.

SÃO PAULO (Município). Departamento de Informação e Documentação Artística. Centro de Pesquisa de Arte Brasileira. *Jardim América.* São Paulo, Secretaria Municipal de Cultura, 1979.

TELLES, Francisco Teixeira da Silva. *Vias Públicas.* São Paulo, Secção de Obras de *O Estado de S. Paulo*, 1919.

TOLEDO, Benedito Lima de. "Em um Século, Três Cidades". *CJ Arquitetura*, São Paulo, n. 19, pp. 20-41, 1978.

TOLEDO, Benedito Lima de & LEMOS, Carlos A. C. *Programa de Preservação de Bens Culturais Arquitetônicos da Área Central de São Paulo.* São Paulo, COGEP, 1978.

UNWIN, Raymond. *Town Planning in Pratice, an Introduction to the Art of Designing Cities and Suburbs.* 3.ed. London, T. Fisher Unwin, 1913.

SÃO PAULO, Secretaria de Estado dos Negócios da Agricultura Comércio e Obras Públicas do Estado. *Relatório Apresentado ao Dr. M. J. de Albuquergue Lins, Presidente do Estado, pelo Dr. Antonio de Padua Salles, Secretáio da Agricultura: Anos 1910-1911.* São Paulo, Brazil de Rothschild & Cia., 1912.

SITTE, Camillo. *City Planning According to Artistic Principles.* New York, Random House, 1965.

COLLINS, George R. & COLLINS, Christiane Crasemann. *Camillo Sitte and the Birth of Modern City Planning.* New York, Random House, 1965.

SOUZA, Washington Luís Pereira de. *Notas Explicativas: Nomes Dados a Ruas, Largos, Avenidas, Praças e Travessas pela Câmara e Prefeitura de São Paulo nos Anos de 1914, 15, 16 e 17.* São Paulo, Augusto Siqueira & C., 1918.

BIBLIOGRAFIA

Instituições de pesquisa e documentação consultadas

Arquivo do Estado
Arquivo Histórico Municipal Washington Luís
Biblioteca Municipal Mário de Andrade
Centro de Pesquisa de Arte Brasileira, Departamento de Informação e Documentação Artísticas da Secretaria Municipal de Cultura
Conselho de Defesa do Patrimônio Histórico, Arqueológico, Artístico e Turístico do Estado – CONDEPHAAT
Departamento do Patrimônio Histórico da Secretaria Municipal de Cultura
Escola Politécnica da USP – Biblioteca
Faculdade de Arquitetura e Urbanismo da USP – Biblioteca
Instituto de Estudos Brasileiros da USP
Instituto Geográfico e Geológico do Estado
Instituto Histórico e Geográfico de São Paulo – Hemeroteca Júlio de Mesquita e Biblioteca

Fontes das Ilustrações

Instituto Histórico e Geográfico de São Paulo: 1-9
Arquivo Histórico Municipal Washington Luís: 11-18
SÃO PAULO Antigo: Plantas da Cidade: 19, 20
RELATÓRIO de 1911 Apresentado á Câmara Municipal de São Paulo pelo Prefeito Raymundo Duprat: 27, 37, 38, 47-51, 56, 58
SÃO PAULO, Secretaria de Estado dos Negócios da Agricultura Comércio e Obras Públicas do Estado. *Relatório Apresentado ao Dr. M. J. de Albuquergue Lins, Presidente do Estado, pelo Dr. Antonio de Padua Salles, Secretário da Agricultura: Anos 1910-1911*: 28-31, 39, 41, 43
ALBUQUERQUE, Alexandre de. *As Novas Avenidas de São Paulo*: 33

OS MELHORAMENTOS de S. Paulo. *Revista de Engenharia*, São Paulo, v. 1, n. 2,10 jul. 1911: 34, 36, 40

FREIRE, Victor da Silva. "Melhoramentos de S. Paulo". *Revista Polytechnica*, São Paulo, v. 6, n. 33, fev./mar. 1911: 35

"MELHORAMENTOS de S. Paulo: A Primeira Secção do Plano Bouvard". *Revista de Engenharia*, São Paulo, v. 1, n. 4, 10 set. 1911: 44, 45

TELLES, Francisco Teixeira da Silva. *Vias Públicas*: 59, 60

RELATÓRIO de 1916 Apresentado a Camara Municipal de S. Paulo pelo Prefeito Washington Luís Pereira de Souza: 57, 79, 83-103

FREIRE, Victor da Silva. "Codigos Sanitarios e Posturas Municipaes sobre Habitações (Alturas e Espaços). Um Capítulo de Urbanismo e de Economia Nacional. *Boletim do Instituto de Engenharia*, São Paulo, v. 1, n. 3, fev. 1918: 104

Índice Onomástico

11 de Junho, rua, 75
15 de Novembro, rua, 33, 34, 40, 49, 88, 89, 91
25 de Março, rua, 41, 47, 49
3 de Dezembro, rua, 49
7 de Setembro, Largo, 54
9 de Julho, Avenida, 90, 117
Água Branca, 26
Albuquerque Lins, Manuel Joaquim, 89
Albuquerque Lins, rua, 83, 123
Albuquerque, Alexandre de, 16, 61, 68, 69-74, 92, 94, 100, 159
Alfredo, João, 26
Almeida, Francisco Penaforte Mendes de, 38
Alto da Bela Vista, 122
Alvares Penteado, rua, 85
Amador Bueno, rua, 71
Anhangabaú, rua do, 58
Anhangabaú, Vale do, 15, 16, 21, 47, 60, 75, 80, 83, 84, 85, 87, 88, 90, 93, 98, 101, 102
Antônio Prado, Praça, 61, 70, 71, 73, 75, 79, 103
Arouche, Largo do, 70
Ayrosa, Victor Marques da Silva, 28
Azevedo, Augusto Cezar de Miranda, 38
Balfour, Lord, 111
Banco Construtor e Agrícola de São Paulo, 27
Banco de Santos, 27
Banco dos Operários de São Paulo, 27
Banco Industrial Amparense, 27
Banco Mauá, 23
Banco União de São Paulo, 27
Barão de Itapetininga, rua, 16
Barbosa, Rui, 27
Barros & Mattos, 123
Beer, Charles, 76
Bela Aliança, 114
Bela Cintra, 26

Bela Vista, 26
Belenzinho, 127
Bianchi, 14
Boa Vista, rua, 49, 61, 79, 91, 92
Boa Vista, Viaduto, 15, 49, 51, 72, 81, 85, 86, 88, 90, 91, 92
Bocaina, Barão de, 70
Bom Retiro, 26, 70, 128
Bouvard, Joseph Antoine, 39, 65, 66-67, 68, 78, 92-103, 106, 111
Braga, Cincinato, 111
Brás, 47, 49, 128
Brás, rua do, 41
Brigadeiro Luís Antônio, Avenida, 61, 71, 74, 88, 91, 92
Brune, Walter, 135, 139
Buenos Aires, 65, 78
Café, Largo do, 32
Calcagno, Irmãos, 36
Campos Elíseos, 70, 71
Campos Salles, Manoel Ferraz de, 16, 48, 76, 111
Campos, Sylvio de, 70
Cantarella, A., 121
Capitão Salomão, Rua, 71
Carmillo, Vitorino, 28, 40
Carmo, Aterrado do, 42
Carmo, Convento do, 12
Carmo, Largo do, 57
Carmo, Várzea do, 16, 38-42, 47, 79, 89, 93, 99, 102, 123
Carvalho & Companhia, 28
Carvalho, Chácara do, 30
Carvalho, Leoncio de, 40
Casa Garraux, 40
Catedral de São Paulo, 16, 46, 71, 79, 81, 94, 97, 100
Chá, Viaduto do, 10, 13, 14, 15, 16, 20, 21, 47, 51, 58, 75, 86, 90, 91
City Anhangabaú, 114, 117, 119
City Lapa, 111, 114
City Pacaembu, 106, 111, 114, 116
Código de Obras Arthur Saboya, 160, 161
Código Sanitário do Estado de São Paulo, 161
Colégio, Páteo do, 34, 49, 61, 81
Colyseu Paulista Companhia Anônima, 27, 28
Comércio, rua do, 32, 88, 90, 91
Comissão de Saneamento, São Paulo, 76
Companhia Cantareira de Esgotos, 45
Companhia City, 109-111, 114-118
Companhia de Ferrocarril de São Paulo, 23
Companhia do Viaduto do Chá, 25
Companhia Melhoramentos de São Paulo, 27
Companhia Paulista de Estradas de Ferro, 45
Concórdia, Largo da, 57
Conde de Prates, Prédio, 82, 83, 87
Congresso Estadual, Palácio do, 71, 80, 81, 94, 97, 100
Consolação, 91
Consolação, rua da, 88
Constructora, A, 124
Correios e Telégrafos, 34, 71, 103
Cowner, Engenheiro, 49

180

ÍNDICE ONOMÁSTICO

Crisandálias, Avenida das, 121
Cruz, José Evaristo Alves, 38
Curitiba, 65
Curros, Largo dos
Debret, Jean-Baptiste, 54
Der Städtebau nach seinen Künstlerischen Grudsätzen, de Camillo Sitte, 77
Direita, rua, 14, 51, 61, 62, 85, 88
Diretoria de Obras Públicas da Prefeitura de São Paulo, ver Diretoria de Obras Púbicas do Município de São Paulo
Diretoria de Obras Públicas do Município de São Paulo, 56, 58, 60, 61, 75-81, 90, 95, 102
Doetsch, Ludwig, 107, 108, 135, 152-153
Dom José de Barros, rua, 93
Domingos de Morais, Avenida, 119
Doutor Falcão Filho, Ladeira, 51, 65, 82
Dubugras, Victor, 16, 34, 35, 104, 105, 135, 156, 163
Duprat, Raymundo, 64, 95
École des Ponts et Chaussées, Paris, 76
Escola de Belas Artes, Marselha, 23
Escola Imperial de Agronomia, Vila de São Francisco, 82
Escola Normal Caetano de Campos, 39
Escola Politécnica, Rio de Janeiro, 45
Escola Politécnica, São Paulo, 39, 55, 68, 76, 157
Esperança, rua, 80

Estação, rua da, 28
Étoile, Place, 71, 74, 94
Exposição Continental, 16, 39-42
Fabrício Vampré, rua, 119
Faculdade de Direito, 80
Fonseca, Manoel Deodoro da, 42
Formosa, rua, 58, 88, 93
Freguesia do Ó, 70
Freire, Victor da Silva, ver Silva Freire, Victor da
Galeria de Cristal, 29-34, 36
Garden Cities of Tomorrow, de Ebenezer Howard, 111
Garden City Association, 111
Gasômetro, Aterrado do, 42
Gasômetro, rua do, 41
General Carneiro, Ladeira, 49
General Carneiro, rua, 88
General Osório, Largo, 57
Gordo, Adolpho, 77
Gouveia, Delmiro, 162
Governo Estadual, Palácio do, 71, 80, 81, 94, 97, 100
Grande Hotel, Travessa do, 72, 75, 79, 85, 88
Grande, Ponte, 38, 72, 84
Guaianases, Largo, 57
Guilhem, Eugênio, 64, 75-81, 100
Haussmann, Barão de, 17, 61, 72, 73, 77
Heuszler, 34, 35
Higienópolis, 71, 109, 123, 163
Hotel dos Estrangeiros, 88
Howard, Ebenezer, 111, 112, 118
Ilha dos Amores, 41
Inferno, Beco do, 29

Ipiranga, 26, 41, 122
Ipiranga, Avenida, 41, 71
Ipiranga, Monumento do, 46
Ipiranga, Museu do, 30
Irmãos Weisflog, Prédio, 82
Itu, 45
Jardim América, 111-115, 118, 128
Jardim Botânico, 71
Jardim Europa, 118, 119
Jardim Japão, 122
Jardim Zoológico, 71
João Alfredo, rua, 49
João Alfredo, Viaduto, 91
João Mendes, Praça, 57
João VI, Dom, 54
José Bonifácio, rua, 85, 88
Jourdan & Ponchon, 135-138
Justiça, Palácio da, 100, 101
Krug, Edmundo, 157
Lapa, 71, 128
Laveleye, Edouard Fontaine de, 71, 128
Letchworth, 111, 112
Liberani, 23
Liberdade, Bairro da, 71
Liberdade, rua, 71, 88
Líbero Badaró, rua, 14, 51, 58, 61, 62, 63, 72, 75, 80, 82-84, 86-88, 90, 91, 93
Livraria Francisco Alves, 30
Luís Gama, rua, 38
Luís Goes, Avenida, 121
Luís, Washington, ver Souza, Washington Luís Pereira de
Luz, Estação da, 70, 79
Luz, Jardim da, 28, 57

Mackenzie, Escola, 157
Mairinque, 163
Malfatti, Samuel, 38
Marco da Meia Légua, 26
Marechal Deodoro, rua, 71, 80, 91
Martin, Jules, 10, 11, 14-16, 20-23, 25, 29, 30, 36, 39, 44, 50
Martinelli, Prédio, 62
Mattos, Jesuíno de, 34-35
Mauá, rua, 28
Mayrink, Francisco de Paula, 42
Medeiros e Albuquerque, 162
Medici, Luiz, 63
Medici, Prédio, 63, 82
Memória, Largo da, 16, 47, 58, 84, 104, 105
Memória, Viaduto da, 90
Michel, Casa, 82
Micheli, Giulio, 30, 32
Miguel Couto, Travessa, ver Grande Hotel, Travessa do
Milliet, Sérgio, 54
Mirandópolis, 120, 121
Moóca, 47, 128
Moraes, Dácio Aguiar de, 135, 140-148, 163
Morais Barros, Prudente José de, 38
Municipal, Largo, 92
Mursa, Joaquim de Sousa, 38
Napoleão III, 61, 74
Neves, Samuel das, 64, 82-92, 100
Nogueira, José Luís de Almeida, 90
Nothmann, Victor, 20
Opera, Paris, 73
Orestes Rangel Pestana & Cia, 30
Ouro Preto, Visconde de, 26

ÍNDICE ONOMÁSTICO

Ouvidor, Largo do, 39
Paço Municipal, 100, 101
Padrão Municipal de 1886, 161, 163
Pádua Salles, Antônio de, 88-89
Paissandu, Largo, 79
Palácio, Largo do, 88, 92
Pari, Estação do, 90
Parker, Barry, 111-113
Parque Jabaquara, 120
Passeio Público, ver Luz, Jardim da
Passos, Antônio Pereira, 17
Patriarca, Praça do, 14, 51, 61, 74, 84, 90
Paulino, José Nogueira, 70
Paulista, Avenida, 71, 84, 90, 109, 163
Pedro II, Imperador, 23
Pedro II, Parque, ver Carmo, Várzea do
Perdizes, 71, 114
Pinto, Adolfo Augusto, 16, 45-52, 55, 90, 134
Piques, Pirâmide do, 105
Prado, Antônio da Silva, 29, 57, 64, 74, 75, 76
Prado, Martinho, 40
Prado, Plínio da Silva, 70
Prates, Conde de, 13, 14, 70, 88, 90
Prestes Maia, Avenida, 34, 90
Prestes Maia, Francisco, 90, 102
Pucci, Luigi, 30, 32
Puccinelli, Cesar, 26
Pujol Jr., Hippolito Gustavo, 135, 154-155, 163
Quartel da Luz, 39
Quatro Cantos, 88

Queiroz, Nicolau de Souza, 70
Quitanda, rua da, 49, 51, 85, 88, 90, 91
Ramos de Azevedo, Francisco de Paula, 16, 26-28, 40, 70, 134
Rebouças, José Pereira, 76
Rego Freitas, Chácara, 109
República, Praça da, 16, 21, 39, 47, 57, 98
Riachuelo, Largo do, 58
Riachuelo, rua, 88
Rio de Janeiro, 65
Rodrigues Alves, Avenida, 119
Rodrigues Alves, Francisco de Paula, 100
Rodrigues Alves, José Martiniano, 70
Rodrigues, José Wasth, 105
Rotisserie Sportsmann, 68
Ruskin, John, 111
Sabino, Horácio Belfort, 70
Santa Cecília, 26, 71
Santa Efigênia, Largo, 15, 28, 75
Santa Efigênia, Viaduto, 29-30, 56, 70, 75, 84, 88, 90
Santana, Bairro de, 123
Santo Amaro, Avenida, 71
Santo Antônio, Igreja de, 71, 75, 84, 88
São Bento, Largo de, 28, 62, 79, 80
São Bento, Mosteiro de, 12, 62, 82
São Bento, rua de, 51, 61, 84, 85, 88
São Francisco, Convento de, 12, 80
São Francisco, Largo de, 71, 73, 80, 85, 88, 90, 91
São Francisco, Viaduto, 15, 90-92
São João, Avenida, 15, 103

São João, Ladeira, 15, 103
São João, Mercado, 15, 34-37
São João, rua, 61, 62, 84
São João, Viaduto, 75, 91, 92
São José, rua, ver Líbero Badaró, rua
São Paulo Railway, 45
São Paulo, Praça, 57
Sé, Praça da, 81, 92, 98
Senador Paulo Egídio, rua, 90
Silva Freire, Victor da, 34, 35, 56, 57, 64, 75-81, 91, 95, 100, 121, 134, 159
Silva Telles, Augusto Carlos da, 58, 60, 79
Silva Telles, Francisco Teixeira da, 113
Silva, Domício Pacheco e, 103
Simonsen, Roberto, 113
Sironi, Alberto, 135, 139
Sitte, Camillo, 74, 77, 92, 113
Société International de Travaux Publics, 76
Sorocaba, 23
Sorocabana, Estação, 70
Souza, Washington Luís Pereira de, 46, 105, 131, 132, 134
Street, Jorge, 162
Superintendência de Obras Públicas, São Paulo, 76, 89
Tamanduateí, rio, 41
Tatuí, Barão de, 13, 14, 22, 24
Teatro Municipal, 58, 59, 70, 72, 73, 75, 83
Teatro Santana, 88
Teatro São José, 75
Tesouro, Largo do, 49

Tid, 59
Tietê, rio, 38, 70, 72, 84
Tiradentes, Avenida, 90
Tomorrow, de Ebenezer Howard, 112
Town Planning in Practice, an Introduction to the Art of Designing Cities and Suburbs, de Raymond Unwin, 113
Unwin, Raymond, 113
Veiga, João Pedro da, 40
Vergueiro, Rua, 71
Vieira de Carvalho, Joaquim José, 27
Vila América, 113
Vila Bocaiuva, 26
Vila Buarque, 109
Vila Campos Salles, 26
Vila Conceição, 125
Vila das Jaboticabeiras, 119
Vila Deodoro, 26
Vila Jabaquara, 120
Vila Maria Zélia, 163
Vila Mariana, 26, 71
Vila Mayrink, 26, 27
Vila Monumento, 122
Vila Nova Manchester, 4, 126-127
Vila Prudente, 26
Vila Romana, 26
Vila Sofia, 26
Voltolino, 11, 53-57, 129, 130
Welwyn, 112
Winter, Guilherme, 135, 150-151, 163
Xavier de Toledo, rua, 84
Xavier, João Teodoro, 21
Zani, Amadeo, 103

Título	Prelúdio da Metrópole: Arquitetura e Urbanismo em São Paulo na Passagem do Século XIX ao XX
Autor	Hugo Segawa
Projeto Gráfico e Capa	Ricardo Assis
Organização dos Originais	Daniela Viana Leal
Editoração Eletrônica	Ricardo Assis
	Amanda E. de Almeida
	Aline E. Sato
Formato	21 x 23 cm
Tipologia	AGaramond
Papel	Off-set 90 g/m² (miolo)
	Cartão Supremo 350 g/m² (capa)
Fotolito	MacinColor
Impressão e Acabamento	Lis Gráfica
Número de Páginas	192